Von Greifswald nach Usedom

von Maike Bruhns

Inhalt

Kurze Geschichte Mecklenburgs und Vorpommerns

Mecklenburg und Vorpommern, erstmalig 1945-1947 ein Land, sind von der DDR-Regierung sogleich wieder in Bezirke aufgeteilt worden. Die Vereinigung zum deutschen Bundesland im Jahre 1989 fügt geographisch Entsprechendes zusammen - die politische Geschichte der Länder Mecklenburg und Vorpommern divergiert dagegen stark. Während Mecklenburg seit dem Mittelalter eine relativ einheitliche, wenn auch recht unruhige Entwicklung erfuhr, war Vorpommern in stärkerem Maße Kriegen und wechselnden Machtverhältnissen mit Fremdherrschaft ausgesetzt. Über regionale Einzel- und Besonderheiten geben die jeweiligen Kapiteleinführungen Auskunft.
Die geographischen Gegebenheiten entstanden im wesentlichen infolge der Eiszeiten: Dreimal drangen Eismassen von Skandinavien aus in den Süden vor, einen Wall von Gesteinsmassen und Felsbrocken vor sich herschiebend. Als das Eis gegen 8000 v. Chr. abtaute, blieb eine Hügel- und Muldenlandschaft, ein Endmoränengebiet zurück. In den Senken bildeten sich Seen und Flüsse.
In der Jungsteinzeit fand die erste nachweisbare Besiedelung durch Ackerbauern und Viehzüchter statt. Zeugnis davon geben die Megalithgräber, die sich heute allerorten in Mecklenburg, vor allem aber auf Rügen erheben. Die ausgedehnten Feuersteinvorkommen machten eine Ansiedlung dort zusätzlich attraktiv. Aus Bodenfunden ließ sich erschließen, daß Mecklenburg – wohl aufgrund von Klimaveränderungen – während der Völkerwanderungszeit 375–600 n. Chr. nur relativ dünn besiedelt war; die Germanen waren nach Süden gezogen. In das entstehende Vakuum drangen Slawen aus dem Osten vor, die fast 600 Jahre lang das Land bebauten.

Auf Usedom gibt es noch Winkel von stiller Schönheit. Das Großsteingrab bei Lütow am Südende der Halbinsel zwischen Krumminer Wiek und Achterwasser bezeugt die frühe Besiedlung des Gebietes in der Jungsteinzeit.

Die Wenden siedelten bis südlich der Elbe (Wendland), im Westen Mecklenburgs die Obotriten, die Wilzen und Liutizen im Osten. Im späteren Mecklenburg-Strelitz ließen sich die Redarier nieder. Slawische Burgwälle, die letzten Relikte der Herrscherburgen der Slawenzeit, finden sich allerorten; eine, südlich von Wismar, nannte sich Michelenburg. Sie war Hauptsitz der Obotriten und gab dem Land seinen Namen. Das junge Museum in Groß Raden zeigt im historischen Überblick und in einer eindrucksvollen Freilichtanlage den neuesten Stand der Forschung zur Slawengeschichte.

Mecklenburgs Geschichte zeichnet sich durch jahrhundertelange Rückständigkeit aus: Seit 1147 fiel der Sachsenherzog Heinrich der Löwe in das Gebiet östlich der Elbe ein, um im Auftrag Kaiser Barbarossas die Christianisierung voranzutreiben. Er verbündete sich mit den Dänen und unterwarf nach 13 Jahren Wendenfeldzügen die Slawen, die sich nun der Christianisierung beugen mußten. Der letzte Obotritenfürst, Niklot, war in der Entscheidungsschlacht bei Burg Werle gefallen. Die Übernahme des Landes erfolgte in geschickter Taktik durch Integration der ehemaligen Feinde: Heinrich gab Pribislaw, dem Sohn Niklots, Nordmecklenburg als Lehen. Pribislaw begleitete Heinrich auf eine Pilgerfahrt nach Jerusalem. Sein Sohn, Heinrich Borwin, heiratete Mathilde, die Tochter Heinrichs des Löwen. So wurden Slawen zu Stammvätern der Mecklenburger Fürsten.

Der Eroberung folgten die Gründungen der Grafschaften Schwerin, Ratzeburg und Dannenberg sowie der Bistümer Schwerin und Ratzeburg. In Mecklenburg begann im 12. Jahrhundert die große Serie von Stadtgründungen, die alle nach dem gleichen Schema angelegt waren: ein gitterförmiges Straßennetz verlief um einen zentral gelegenen Markt mit Rathaus und einer stets gewaltigen Kirche. Eine Welle der Kolonisierung setzte gleichzeitig ein: Siedler aus Flandern, Westfalen, Niedersachsen und Holstein strömten in die Ostgebiete und ließen sich auf dem Land, auch in den jungen Städten, nieder. Klöster, Kirchen und Bistümer wurden ge-

Der Sachsenherzog Heinrich der Löwe fiel seit 1147 in das Land östlich der Elbe ein, verbündete sich mit Dänemark und unterwarf in 13 Jahre dauernden Wendenfeldzügen die dort lebenden Slawen.

baut. Die slawischen Einwohner gingen in der neuen Bevölkerung auf.

Die Geschichte setzte sich kriegerisch fort: Heinrich der Löwe verlor seine Macht und fiel unter die Reichsacht. Dänemark besetzte daraufhin vorübergehend das Land, bis es 1227 mit der Schlacht von Bornhöved die Lehenshoheit aufgeben mußte. Es folgten Teilungen und Erbstreitigkeiten, wirre Zeiten, in denen skandinavische und mecklenburgische Ansprüche das Land in Unruhe stürzten. 1229 folgte die erste Teilung in die Fürstentümer Mecklenburg, Parchim, Güstrow und Rostock. Die Ostseeküste erlebte in der Zeit des Hansebunds eine wirtschaftliche Blüte, deren Spuren sich in den Städten noch nachvollziehen lassen. Die Klöster trieben eigenständig Macht- und Erwerbspolitik. Mit der Reformation, die 1549 auf dem Landtag in Sternberg für ganz Mecklenburg festgesetzt wurde, war die Macht der Kirche gebrochen.

Doch nun erstarkte der Adel. Bis ins 15. Jahrhundert hielt sich der Bauernstand frei und prosperierte sogar. Nun fiel das Land in die Hände der Grundherren, von denen die Fürsten sich manches Privileg abkaufen lassen mußten. 1621 erfolgte die nächste Teilung Mecklenburgs in die Herzogtümer Mecklenburg-Schwerin und Mecklenburg-Güstrow. Auch diese Periode währte nur kurze sieben Jahre. Im Dreißigjährigen Krieg übernahm Wallenstein als neuer Herzog von Mecklenburg das Regiment in Güstrow und führte sinnvolle Reformen durch, in deren Verlauf sich der Adels- und Ständestaat in einen Beamtenstaat verwandelte. Als Gustav Adolf von Schweden 1631 in den Krieg eintrat, mußte Wallenstein aufgeben, die Herzöge kehrten zurück und mit ihnen die alte Rückständigkeit der Adelsherrschaft.

Der Krieg verheerte das Land in schrecklicher Weise, Seuchen entvölkerten es zusätzlich. 1648 kamen Wismar und Poel (mit Vorpommern) an Schweden und fielen erst 1803 an Mecklenburg zurück. 1701 erfolgte eine erneute Teilung des Landes in die Herzogtümer Schwerin und Strelitz. Die

Der Herzog von Friedland, Albrecht von Wallenstein, oberster Feldherr des kaiserlichen Heeres, übernahm als neuer Herzog von Mecklenburg im Dreißigjährigen Krieg das Regiment in Güstrow. Er löste den Adels- und Ständestaat auf und führte einen Beamtenstaat ein. Er kümmerte sich um das Armenwesen, besteuerte die Besitzenden und plante eine Wasserstraße von der Ostsee zur Elbe. 1631 mußte er abdanken, die Mecklenburger Herzöge kehrten zurück und seine Reformen wurden wieder aufgehoben.

Mecklenburg und Pommern im 17. Jahrhundert. Kupferstich des berühmten holländischen Topographen Visscher.

CARTE GEOGRAPHIQUE
DU DUCHÉ DE
POMERANIE,
ET
MECKLENBOURG
mise en lumierre par N. VISSCHER
avec Privilege
THICUM
Vulgo
DE OOST ZEE
Usedom Ins
WOLLINSCHE WERDER
DAS GROSSE HAFF
Stettin
Landsberg
Cüstrin
Oranienburg

schwersten Nachteile hatte der Bauernstand hinzunehmen: 1654 wurden die bäuerliche Leibeigenschaft und Erbuntertänigkeit per Gesetz festgelegt und mit der Einführung der mecklenburgischen Schlagwirtschaft die Felder zusammengelegt oder dem Gutsbesitzer zugeschlagen. Das berüchtigte „Bauernlegen" setzte ein, die Bauern verkamen zu rechtlosen Tagelöhnern oder Landarbeitern. Sie versanken in Resignation oder wanderten in die Neue Welt aus. Das Gesetz blieb bis 1820 in Kraft, doch bis 1848 waren die Reformen in Mecklenburg noch nicht durchgesetzt. In Ostelbien entschieden das Herrscherhaus, einige Großgrundbesitzer und bürgerliche Familien, die „Junker", über das Geschick des Landes. Bis 1918, über 400 Jahre, blieb in Mecklenburg die ständische Verfassung bestehen und damit Rückständigkeit und Konservativismus. Trotz der Abdankung des Großherzogs Friedrich Franz IV. von Mecklenburg änderte sich 1918 nach der Revolution wenig. Eine Hälfte des Landes verblieb den Großgrundbesitzern. Erst 1945 wurde das Land durch die Bodenreform aufgeteilt. Damit war die Junkerherrschaft endgültig beendet. Die Vorzüge der parlamentarischen Demokratie seit 1918 bestanden genau 15 Jahre, bis zur NS- und der nachfolgenden SED-Diktatur. Auch nach der Wiedervereinigung tut sich das traditionelle Agrarland Mecklenburg schwer mit der wirtschaftlichen Umstellung. Wieder hat ein großes Bauernsterben begonnen, die erhofften Industrieansiedlungen aus dem Westen blieben bis jetzt rar. In der strukturschwachen Region erhofft man sich vom Tourismus und Ausbau kultureller Schwerpunkte wirtschaftlichen Aufschwung.

Ein Bote aus mecklenburgischer Frühgeschichte: Der sogenannte uckermärkische „Wendengötze" wurde in einer Sandgrube zusammen mit einem Skelett gefunden. Ist diese Bleifigur zu kultischen Zwecken in das Grab gesenkt worden?

Vorpommerns Geschichte verlief anders: Hier war es der Pommernfürst Wratislaw I., der sich bereits 1124 taufen ließ, weil er sich der Christianisierung beugen mußte. Er holte den berühmten Bischof Otto von Bamberg ins Land und ließ eine Massentaufe abhalten. So wurde er der Stammvater der Herzöge von Pommern. Stadt- und Klostergründungen brachten dem Land schnell Wohlstand, der bis zum Dreißigjährigen Krieg anhielt. Dieser traf das friedliche Land ungerüstet; als 1627 die kaiserlichen Truppen einfielen, mußte der überraschte Herzog tatenlos zusehen. Am Ende des Krieges war das Herzoghaus ausgestorben, das Land ausgebeutet und verwüstet. (Der Refrain „Pommerland ist abgebrannt" in dem Lied „Maikäfer flieg" bezieht sich direkt auf diese Verhältnisse.) Von den Folgen dieser Katastrophe konnte es sich nicht mehr erholen. Pommern wurde 1648 geteilt. Von 1648–1815 gehörte Vorpommern, nördlich von Peene und Trebel mit Stettin und Rügen zu Schweden, Hinterpommern, südlich der Peene mit Usedom zu Brandenburg.

Schwedische Offiziere erhielten nach ihrem Kriegseinsatz große Güter; 70 Prozent des Landes waren Großgrundbesitz, die Bauern per Gesetz enteignet und verarmt wie in Mecklenburg. Das Land kam durch die nachfolgenden nordischen Kriege und Besetzungen nicht zur Ruhe. Der Dichter und Schriftsteller Ernst Moritz Arndt (1769–1860) geißelte in seinen Schriften die Zustände. Erst 1810 hob die schwedische Herrschaft die Leibeigenschaft auf und führte eine Ständeverfassung ein. Sie kam jedoch wegen der napoleonischen Feldzüge nicht zum Tragen. Die Franzosen besetzten Vorpommern, das nach dem Wiener Kongreß 1815 zu Preußen gehörte. Nun wurde die Adelsherrschaft durch die preußische Domänenverwaltung ersetzt, die sich für die Bauern wiederum nachteilig auswirkte. Sie mußten ihre Selbständigkeit erkaufen, indem sie bis zur Hälfte ihres Besitzes an die Grundherren abgaben. Wiederum folgte eine große Auswanderungswelle.

Der anhaltende Zorn der Landbevölkerung über die ostelbi-

Ernst Moritz Arndt (1769–1860), oben. Der Dichter und Theologe wurde in Groß Schoritz auf Rügen geboren. Sein Buch „Versuch einer Geschichte der Leibeigenschaft in Pommern und Rügen" trug entscheidend zur Aufhebung der Leibeigenschaft in Vorpommern bei. Xylographie aus dem Jahre 1848.

Otto von Bamberg (um 1062–1139), der Apostel der Pommern (unten). Der Kanzler Kaiser Heinrichs IV. entstammte wahrscheinlich einer schwäbischen Adelsfamilie. Seit 1102 war er Bischof von Bamberg. Bei seiner Missionsreise nach Pommern im Jahre 1128 führte er dort endgültig das Christentum ein. Stich aus der Zeit um 1700.

schen Junker und Großgrundbesitzer wurzelt also in der Geschichte und wirkt bis in die Gegenwart, was an der Verwaltung und Bewahrung der Hinterlassenschaften, der Herrenhäuser, deutlich wird. 1945 wurde Pommern erneut geteilt, Hinterpommern kam zu Polen, Vorpommern zu Mecklenburg. Seit 1952 fand eine Neuaufteilung Vorpommerns statt: Die nördliche Hälfte fiel in den Bezirk Rostock, die südliche an den Bezirk Brandenburg.
Nach der Wende 1989 – am 3. Oktober 1990 – wurde das Bundesland Mecklenburg-Vorpommern geschaffen.

In Wolgast zeigt der Brunnen vor dem alten Rathaus in einzelnen Bildszenen die bewegte Geschichte der Stadt. Hier ist die gewaltsame Christianisierung der Bewohner durch Bischof Otto von Bamberg dargestellt, der sie zwangstaufen ließ.

Nur die wenigen backsteingotischen Bürgerhäuser am Markt mit ihrem reichen Fassadenschmuck zeugen noch von der vergangenen Größe Greifswalds als Hansestadt. Sie befinden sich heute in bedenklichem Zustand.

Der niederdeutsche Dichter Fritz Reuter (1810–1874) setzte sich für die Belange des Volkes ein. Bis 1918, über 400 Jahre, blieb in Mecklenburg die ständische Verfassung bestehen und somit Rückständigkeit und Konservativismus.

Kulturelle Schwerpunkte in Mecklenburg-Vorpommern

Mecklenburg-Vorpommern kann sich trotz des Rings der Hansestädte an der Ostseeküste und seiner kleinen Residenzen in Schwerin und Güstrow in kultureller Hinsicht nicht mit den anderen Ländern, etwa Sachsen, messen. Schatzkammern der Kunst wie Dresden hat es nicht aufzuweisen. Dennoch bietet es neben Regionen von ausgeprägter landschaftlicher Schönheit (Mecklenburgische Seenplatte, Rügen, Usedom etc.) vielseitige Kultur-Zeugnisse seit dem Mittelalter.

Die kulturelle Eigenleistung der Region war zweifelsohne die norddeutsche Backsteingotik. Georg Dehio charakterisierte sie treffend: „Sie ist selbstbewußt ohne Selbstgefälligkeit, sachlich ohne Nüchternheit, ernst ohne Kälte, streng ohne jegliche Anwendung von Askese, kühn im Großen und haushälterisch im Kleinen, besonnen, immer geradeaus auf die Hauptsache gerichtet" - und sie besitzt einen Hang zur Monumentalität.

Mecklenburg-Vorpommern gehörte mit seinen Städten Wismar, Rostock, Greifswald und Stralsund zum wendischen Bereich der Hanse, die, ausgehend von der Hansestadt Lübeck, vom 13.–17. Jahrhundert die Baukunst der Gotik auf ihren ausgedehnten Handelswegen verbreitete. Die Hanse schmückte sich mit Backsteingotik, diese profitierte ihrerseits von der Wirtschaftskraft des Bundes. Die prachtvollen Rathäuser, Dome und Stadttortürme waren Instrumente der Selbstdarstellung des Bürgertums.

Aber auch das südlich der Küste gelegene Hinterland erweist sich nicht als ästhetisches Vakuum: Es findet sich kaum ein Dorf ohne eine große backsteingotische Kirche – Manifestation der Epoche, der Gläubigkeit und des Selbstbewußtseins der Menschen. In stilistischer Hinsicht unterscheidet sich die Backsteingotik in vielen Details von den Hausteinbauten der europäischen Gotik. Einige seien genannt: Der schwer zu bearbeitende Backstein erforderte künstlerische Phantasie und Werkstoffbeherrschung, um die Breite der ästhetischen Wirkung hervorzubringen. Die Herstellung der Formsteine für Profile, Friese und Giebel erfolgte höchst einfach und manuell mit Messer und Schneidedraht. Angefangen beim romanischen Rundbogenfries steigerte sich das Formvokabular bald zum Kleeblattbogen- und schließlich zum Maßwerkfries, der dann im Sakral- wie Profanbau effektvoll vor helle Kalkputzflächen gesetzt wurde. Wechsel von dunkel glasierten und unglasierten Ziegeln, Ziegelmustermauerungen usw. gehörten zum spielerischen Fundus des Backsteingotikers. Der Aufbau erweist sich meist zweigeschossig ohne Triforium - eine deutsche Lösung: „gigantische Pfeiler reißen den Blick in die Höhe, man will imponieren und versteht es" (Wilhelm Pinder).

Die Entscheidung für Hallenkirche oder Basilika war keine Frage des Stils, sondern der Politik: Die Frühgotik bevorzugte die Halle, die Hochgotik die Basilika; der sogenannte strenge Stil zeigt beide Typen in Auseinandersetzung, während die Spätgotik wieder der Halle den Vorzug gibt. Basilika und Halle verhalten sich grob verallgemeinert wie Fürstenherrschaft und Bürgertum, Hierarchie und Demokratie. Die Hallenkirche konkretisiert den Geist der Städte, die Unabhängigkeit von geistlichen und weltlichen Oberhäuptern. In den Wehrbauten, den Stadtbefestigungen mit prächtigen Toranlagen, verhält es sich ähnlich. Die schier unendliche Zahl von Dorfkirchen (mit Kapellen ca. 700) mit ihrem trutzigen Äußeren zeugen von der Kraft der Christianisierung und gleichermaßen von Selbstbewußtsein und Eigenständigkeit der Bauern im Mittelalter.

Die Städte mit ihren Bauten und besonders die Backsteinkirchen haben meist eine lange, von Zerstörungen (durch Krieg und verheerende Stadtbrände), Veränderungen und Restaurierungen geprägte Geschichte. Nicht selten ist der existente Bau ein Nachfolger eines (oft auch bedeutenden) Vorgängers. Es kann nicht Aufgabe dieses Bandes sein, alle Phasen und ihre Spuren am einzelnen Bau nachzuverfolgen; hierzu wie auch für die Vollständigkeit der Baudenkmale und

Die Detailaufnahme vom Chor der Marienkirche in Pasewalk zeigt die ausgewogene Schönheit backsteingotischer Architektur des 14. Jahrhunderts.

ihrer Ausstattung, die nur in bedeutendsten Exemplaren aufgeführt ist, ist Spezialliteratur empfohlen. Auch die abgelegenste Dorfkirche besitzt meist eine Granittaufe aus romanischer Zeit, häufig alte Wandmalereien oder einen mittelalterlichen Kelch. Es empfiehlt sich unbedingt, auf eigene Faust eine Kirche zu erkunden und ihre Schätze zu entdekken. Der Zustand der alten Bauten ist oft bedenklich, denn die letzten Renovierungen fanden vielfach zu Anfang des 19. Jahrhunderts statt, so daß die gegenwärtige Verwahrlosung oder der langsame Untergang nicht allein der ehemaligen DDR zuzuschreiben sind. Zu viele Kirchen müssen von der mittellosen Landeskirche unterhalten werden.
Gegenüber den zahllosen Zeugnissen der Backsteingotik sind die späteren Stilphasen der Kunstgeschichte sehr viel weniger gut und weitverbreitet erhalten: Renaissancebauten waren entweder Bürger- oder Herrenhäuser; bis auf Ausnahmen sind sie nicht mehr vorhanden. Der bedeutendste Schloßbau steht in Güstrow, weitere Zeugen finden sich in Neustadt-Glewe und in Wismar. Das Gros der Renaissance-Herrenhäuser überstand, wie so viele der späteren Adelsbauten, die Zeit nach 1945 nicht. Unter den barocken Schloßanlagen ragt Schloß Bothmer heraus. Zeugen des Klassizismus sind in Residenzen, Stadtgründungen und -häusern relativ verbreitet. Im 19. Jahrhundert erfolgte besonders in Mecklenburg die Errichtung einer Reihe historisierender Schloßbauten. In den Küstenbadeorten kam es kurz vor der Jahrhundertwende zu einem Bauboom in der sogenannten Bäderarchitektur historistischen Charakters. Auch hier ist vieles verfallen und kaputtgewohnt.
Der Umgang der DDR mit den ihr reihenweise zugefallenen Schlössern, Herren- und Gutshäusern ist ein geschichtliches Phänomen besonderer Art. Die „Junker“ wurden mit der Bodenreform zwischen 1945 und 1949 enteignet, ihre Ländereien und Häuser fielen in die Verantwortlichkeit der Gemeinden, Kreise und LPGs. Ein wahrhaft lohnender Zuwachs, denn fast in jedem dritten Dorf Mecklenburgs stand

ein Herrenhaus. Der alte Haß auf die Feudalherren trieb merkwürdige Blüten: Am deutlichsten äußerte er sich im sinnlosen Abriß der Schlösser von Neustrelitz und Putbus. Die schönsten (und jüngsten) Schlösser wurden zum Teil als Tagungs- und Repräsentationsstätten der Parteiaristokratie genutzt, als Ferienheime für Betriebsgruppen, Verbände, als Ausbildungs- und Schulungszentren verwendet. Sie wurden bestenfalls schlecht und recht instandgehalten. Schlimmer stand es um solche Herrenhäuser, die für Verwaltungs- oder LPG-Nutzung zweckentfremdet wurden: Hier finden sich verschandelte Ensembles, verkommene Parks, Misthaufen auf dem Ehrenhof, scheußliche LPG-Einheitsschuppen in der Hauptblickachse, zusammengebrochene Gutsgebäude im Verein mit Müll und Schrott.

Die LPGs hätten ausreichend Arbeitskräfte und Kapital besessen, um die nötigen Renovierungen durchzuführen, jedoch mangelte es an historischem und ästhetischem Bewußtsein. Der Herrenhäuser waren viele: Reihenweise wurden sie sozialer Nutzung zugeführt, als sogenannte „Feierabendheime“ – ein beschönigendes Wort für sozialistische Verwahrpraxis alter Menschen in ungeeigneten Räumlichkeiten und unter primitiven Verhältnissen – als Behinderten- oder Pflegeheime oder als Kindergärten. Ein Teil wurde auch für Wohnzwecke genutzt, indem die großen Häuser unterteilt und nach und nach kaputtgewohnt wurden, denn renoviert wurde kaum, da geignete Materialien fehlten und sich niemand verantwortlich fühlte. Die einfachsten Wartungsarbeiten unterblieben, und mit der vielzitierten Birke in der Dachrinne nahm der Verfall seinen Lauf. Zahllose unbewohnbare Herrenhaus-Ruinen mit ehemals schönen Fassaden dokumentieren das Desinteresse und die allseits verbreitete Gleichgültigkeit gegenüber kulturhistorischen Schätzen, die sich in den Städten entsprechend im Zugrundewohnen der alten Stadthäuser manifestierten.

Sehr desolat erweist sich das Gros der Herrenhäuser auf Rügen, die oft so abgelegen sind, daß nur Feldwege zu ihnen

Dieses Gemälde aus der Greifswalder Nikolaikirche stellt das gemeinsame Gebet der Rostocker und Greifswalder Professoren zur Jungfrau Maria dar. Der Gründer der Universität, Bürgermeister Heinrich Rubenow, stiftete es 1460. Die Tafel – zwischen 1460 und 1462 entstanden – ist „das älteste erhaltene deutsche, monumentale Gruppenbildnis mit Ganzfiguren und zugleich ein Denkmal deutschen Professorentums an der Wende vom Mittelalter zum Humanismus“. Die Universität Greifswald entwickelte sich schnell zum geistigen und kulturellen Zentrum Pommerns.

Lūmina qūi mūndi facūndi mēte profūndi
Defūnctūm qūartū ſepelit domūs
Regnū celeſte

führen. Manche sind einfach gesprengt worden. Auch hier sind noch unerwartete Entdeckungen zu machen.

Museen existieren in großer Anzahl und Breite in Mecklenburg-Vorpommern, viele mit längerer und individuell bewegter Geschichte. Die Mehrzahl bilden die Heimatmuseen in beinahe jedem Ort und in vielen Dörfern, die von der Regionalverbundenheit der Einwohner zeugen und in der Regel weniger sozialistisch ausgerichtet sind als die Freilicht- und Technikmuseen. Gründungen jüngeren Datums wie das Lilienthalmuseum in Anklam, das Museum für Ur- und Frühgeschichte in Schwerin, das Slawen-Freilichtmuseum in Groß Raden sind kulturelle Schwerpunkte von besonderer Art. Die Bildergalerie des Staatlichen Museums Schwerin kann sich selbstverständlich mit der Dresdner Gemäldegalerie nicht messen – sie besitzt dennoch viele Glanzlichter. Als Glücksfall sind die Barlachmuseen in Güstrow zu bezeichnen, die dem Land hoffentlich erhalten bleiben.

Von Greifswald nach Usedom

Kultur und Landschaft

Im südöstlichen Teil Vorpommerns liegen die Städte Greifswald, Wolgast, Ueckermünde neben kleineren Orten wie Anklam, Demmin und Grimmen. Der Küste vorgelagert ist die Insel Usedom, die das Oderhaff und den Peenestrom vom Meer abtrennt. Seeseitig mit schönem Sandstrand versehen, birgt sie altbekannte Badeorte wie Bansin, Heringsdorf und Ahlbeck und noch weitere mehr. Nach wie vor wird sie als Erholungsgebiet genutzt.

Wie zahlreiche Großsteingräber (besonders zwischen Loitz und Greifswald) und andere Funde bezeugen, war das Gebiet bereits in der Jungsteinzeit besiedelt. Bis ins vierte Jahrhundert lebten germanische Stämme hier. In der Peene-Niederung und auf Usedom ist für die Slawenzeit eine wirtschaftliche Blüte in Handel und Landwirtschaft nachgewiesen.

Im Jahre 1128 erfolgte die Zwangschristianisierung durch Bischof Otto von Bamberg in der Slawenburg Uznam. Nach der Niederwerfung der Slawen durch die brandenburgischen Askanier im Jahre 1231 fiel das Land südlich von Trebel, Tollense und Großem Landgraben an Brandenburg, während die Slawen den nördlichen Teil als Lehen behielten. Anschließend wurden hier, genauso wie in anderen Gebieten, im 13. Jahrhundert von Siedlern zahlreiche Ortschaften gegründet, zum Teil neben oder anstelle slawischer Siedlungen (wie Demmin, Wolgast, Lassan, Usedom). Immer war der Grundriß gitterförmig um einen zentralen Markt angelegt. Noch im 12. Jahrhundert fanden zur Sicherung des Christentums einige Klostergründungen statt, letzte Zeugnisse sind die Ruinen von Dargun und Eldena.

In der Zeit des Hansebunds mit seinem wirtschaftlichen

Wohlstand ersetzten gotische Bürgerhäuser die einfacheren Vorgänger und es entstanden eine große Zahl monumentaler backsteingotischer Pfarr- und Dorfkirchen sowie Rathäuser, Stadttore und andere Profanbauten. Nach der Säkularisierung der Klöster 1534 fielen der geistliche Grundbesitz, das Vermögen und die Kirchenschätze an das Herzoghaus Pommern-Wolgast, das allerdings wenig politisches Kapital daraus schlug. Im 16. Jahrhundert wurden im Renaissancestil zahlreiche Fürsten- und Landschlösser erbaut. Leider wurden die bedeutendsten von ihnen in Kriegen zerstört (Wolgast, Loitz, Dargun) oder in jüngster Vergangenheit durch Vernachlässigung zugrundegerichtet. Auch das wertvollste Barockschloß des Gebiets in Wrangelsberg, erbaut 1652–1664, existiert nicht mehr.

Der Dreißigjährige Krieg traf das friedliche Land ungerüstet; die kaiserlichen Truppen konnten das Land überrennen. Ausgebeutet und verwüstet ging es aus dieser Zeit hervor. Im Anschluß daran wurde Pommern erstmalig geteilt. Von 1648–1815 gehörte der nördlich von Peene und Trebel gelegene Teil zu Schwedisch-Vorpommern, der südlich der Peene gelegene Teil und Usedom zu Preußen. Verdienstvolle schwedische Offiziere bekamen die großen Güter zugesprochen.

Nur wenige kleine Kirchen wurden in der Barockzeit neu erbaut (ein schönes Beispiel ist der Zentralbau von Griebenow). Häufiger wurden dagegen Neuausstattungen gotischer Interieurs vorgenommen. Ein besonders schönes Beispiel ist die Marienkirche in Anklam. (Leider sind fast alle Kirchen der Region abgeschlossen. Man kann sich aber im Pfarrhaus die Schlüssel geben lassen.) Als Profanbau des Barock ist die Universität von Greifswald hervorzuheben.

Das Land kam nicht zur Ruhe: Die nachfolgenden Nordischen Kriege und Besetzungen hielten bis zur Übernahme Schwedisch-Vorpommerns durch Preußen im Jahre 1815 an. Danach löste preußische Domänenverwaltung die Adelsherrschaft ab. 1820 wurde die Leibeigenschaft aufgehoben.

Aus der klassizistischen Periode existieren noch Häusergruppen in Greifswald. Hier mußten leider noch in jüngster Zeit Teile der klassizistischen, unzerstörten Altstadt Plattenbauten weichen. Ähnlich verfuhr die ehemalige DDR mit ihrem Erbe an Bausubstanz der Jahrhundertwende in den Badeorten Usedoms. Die historistischen Schlösser des 19. Jahrhunderts haben sich, soweit sie im Sozialbereich fremdgenutzt waren, großenteils besser erhalten. Die baulichen Zeugnisse des sogenannten sozialistischen Aufbaus finden sich in dieser Region in Demmin, Anklam, Friedland und an der Peripherie Greifswald.

Mit Ausnahme der Ostküste Usedoms ist das Gebiet weitgehend durch Land- und Forstwirtschaft genutzt. Größere Waldbestände finden sich südlich und westlich von Ueckermünde sowie östlich der Verbindungslinie Greifswald-Anklam. In den ausgedehnten Flußniederungen wird Viehzucht betrieben. Zu DDR-Zeiten bildeten Wolgast mit der Peenewerft und Greifswald mit seiner Universität, dem (mittlerweile stillgelegten) Atomkraftwerk Lubmin und der VEB-Schiffselektronik wirtschaftliche und geistige Zentren.

Stralsund
Wüsten-
hagen
Niepars
Pantelitz
105
Kummerow
Martens-
dorf
Pütte
Putter
See
Lüssow
Dän-
holm
Strela-
sund
Warkow
Gustow
Borgwallsee
Barthe
Devin
96
Brandshagen
Wendorf
Krummen-
hagen
Zarren-
dorf
Jakobs-
dorf
Steinhagen
Elmenhorst
Behnken-
dorf
Papen-
hagen
Grün
Kordshagen
Miltzow
Richtenberg
Franzburg
Abtshagen
Wittenhagen
Stoltenhagen
Wolfsdorf
Buchholz
Bremerhagen
Papenhagen
Horst
Müggenwalde
Splietsdorf
Bartmanns-
hagen
Ryck
Grimmen
S.35
Gremersdorf
Kaschow
Neuendorf
Trebel
Kirch
Baggendorf
S.35
Jessin
Zarrentin
Klevenow
Wüsteney
Wendisch
Baggendorf
Kandelin

Kirch Baggendorf und Grimmen

Kirch Baggendorf

zwischen Grimmen und Tribsees

Die kleine, sehr alte DORFKIRCHE ist eine Fahrt nach Kirch Baggendorf wert. Als Feldsteinbau mit Backsteingliederungen aus dem 13. Jahrhundert besitzt sie einen quadratischen eingezogenen Chor, der wie das Schiff steile Kuppelgewölbe und Dreifenstergruppen besitzt. Der Westturm ist schmaler und trägt einen hölzernen Aufsatz unter achteckigem Zeltdach. Die Giebel von Schiff und Chor mit ihren schmalen Blenden sind erneuert. Das Besondere der Kirche ist ihre einheitliche *Ausmalung* aus der Zeit um 1400, bei der die Rippen mit Ornamenten und die Wände mit Medaillons dekoriert wurden. Das Triumphbogengewände zeigt die Geschichte der Klugen und Törichten Jungfrauen. Nach mehrfachen Übertünchungen wurde diese Ausmalung im Jahre 1938 freigelegt.

Die *Kanzel* von 1702 steht auf einem Palmenwipfel und ist mit gemalten Evangelisten versehen. Im Aufgang finden sich einige biblische Szenen. Ebenfalls aus dem 18. Jahrhundert stammen die *Nordempore,* die *Orgelempore* mit Prospekt und der hölzerne *Altaraufsatz* mit Säulen und Akanthusranken, die die Altargemälde rahmen. Unter den eingemauerten *Epitaphien* ragen zwei von 1722 für das Ehepaar Königsheim in Sandstein hervor, die bemalte Reliefs der Verstorbenen in Zeittracht tragen.

Grimmen

an der 194 zwischen Stralsund und Demmin

Grimmen liegt an der Stelle einer alten Furt über die Trebel. Es wurde erstmals 1267 erwähnt und besitzt einen gitterförmigen Stadtgrundriß, in dessen Mitte sich der Markt mit dem

Rathaus befinden. Von der einstigen BEFESTIGUNG aus dem 15. Jahrhundert stehen noch drei wuchtige Tortürme, die sich stilistisch einander ähneln: Über quadratischem Grundriß besitzen sie Durchfahrt und Giebel zur Stadt- und Feldseite. Da ist das prächtige *Stralsunder Tor* mit Staffelgiebel und Blenden, das sehr ähnliche *Mühltor* und das *Greifswalder Tor* mit Dreiecksgiebel und sparsamerem Blendendekor.
Das hochgotische zweigeschossige RATHAUS aus dem 14. Jahrhundert besitzt an der Marktfassade eine offene, kreuzrippengewölbte Gerichtslaube und fällt durch den schönen siebenteiligen Pfeilergiebel mit Fialen, Doppelblenden und Wimpergen auf. Der kleine Dachturm hat eine Laterne und eine barocke Haube.
Die MARIENKIRCHE wurde um 1280 als dreischiffige Backsteinhalle auf Feldsteinsockel mit Strebepfeilern errichtet, der Umgangshallenchor stammt aus dem 15. Jahrhundert. Er zeigt eine glatte Außenwand, da seine Strebepfeiler nach innen gezogen sind. Auch der Turm, viergeschossig und oben mit Blenden versehen, wurde in dieser Zeit angebaut. Rundstabprofile bündeln das Westportalgewände im Wechsel von glasierten und unglasierten Ziegeln.
Die *Kanzel* entstand 1707. Ihr Korb ist, inmitten reicher Schnitzereien mit Evangelisten, der Schalldeckel mit Christus mit der Siegesfahne versehen. Auch das *Ratsgestühl* ist reich dekoriert. Es stammt von 1590. Aus frühgotischer Zeit blieb die *Kalksteintaufe* mit Rundbogengliederung. In der Turmhalle sind die *Grabsteine* eines Ehepaares von 1603 angebracht. Die Verstorbenen sind plastisch in Zeittracht dargestellt.
Das HEIMATMUSEUM GRIMMEN (Am Mühlentor; Tel. 03 83 26 / 22 61; Di, Mi, Do, So 13.30–16 Uhr) ist in einem ehemaligen Wiekhaus und dem Mühltor eingerichtet: ein schönes Regionalmuseum in vier Etagen. Ur- und Frühgeschichte des Kreises Grimmen (darunter ein Auerochsenkopf) und Zeugnisse kleinstädtischen Handwerks werden hier präsentiert.

Drei wuchtige Tortürme und die mächtige Marienkirche aus dem 13. Jahrhundert zeugen von Grimmens früherer Wirtschaftskraft. Oben die Marienkirche und das Mühlentor, unten das Stralsunder Tor.

Greifswald

am Ryck vor der Einmündung in das Dänische Wiek/ Greifswalder Bodden, am Schnittpunkt von 96 und 109

In der ersten Hälfte des 13. Jahrhunderts gründeten Zisterziensermönche die Stadt Greifswald vom Kloster Eldena aus, wahrscheinlich als Niederlassung für die Arbeiter der klostereigenen Saline. Die Entwicklung der mit einem regelmäßigen Gitternetz angelegten Stadt ging sehr schnell voran: Im Jahre 1250 erhielt sie durch Herzog Wratislaw III. von Pommern-Demmin das Stadtrecht, 1264 erfolgte die Vereinigung mit der um die Jakobikirche im Westen entstandenen Neustadt, und 1278 war Greifswald durch eine umlaufende Mauer mit zahlreichen Wiekhäusern, neun Toren (drei Land- und sechs Wassertoren), Wällen und Gräben befestigt. Die Stadt trat im Jahre 1278 dem Hansebund bei und prosperierte stark durch den Fernhandel, was der Bau von drei großen Pfarrkirchen beweist. 1456 wurde die Greifswalder Universität, die in der Folge ein geistiges und kulturelles Zentrum in Pommern wurde, durch Bürgermeister Heinrich Rubenow gegründet. Im Dreißigjährigen Krieg und der nachfolgenden Schwedenzeit mit zwei Stadtbränden in den Jahren 1713 und 1736 stagnierte die Entwicklung der Stadt. Als Greifswald 1815 preußisch wurde, gab es bis 1830 noch einmal einen Bauboom. Zahlreiche schlichte, aber gut proportionierte Bürgerhäuser entstanden, die heute noch das Gesicht der Stadt prägen. Der Hafen Greifswald an der Ryck wurde im 19. Jahrhundert für die wachsenden Schiffsgrößen zu klein und daher unrentabel. Auch von der Industrialisierung profitierte die Stadt wenig, es entwickelte sich nur eine Eisenbahnreparaturwerkstätte. 1945 wurde Greifswald der Roten Armee kampflos und unzerstört übergeben. Die Altstadt verfiel erst in der Folgezeit, so daß sie schließlich im

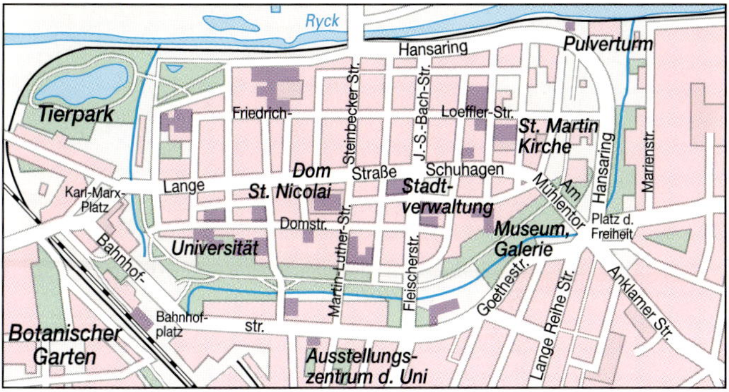
Ryck
Hansaring
Pulverturm
Tierpark
Friedrich-
Steinbecker Str.
J.-S.-Bach-Str.
Loeffler-Str.
St. Martin
Kirche
Hansaring
Marienstr.
Dom
St. Nicolai
Straße
Schuhagen
Stadt-
verwaltung
Am
Mühlentor
Karl-Marx-
Platz
Lange
Domstr.
Martin-Luther-Str.
Fleischerstr.
Museum,
Galerie
Platz d.
Freiheit
Universität
Bahnhof-
Goethestr.
Lange Reihe Str.
Anklamer Str.
Bahnhof-
platz
str.
Botanischer
Garten
Ausstellungs-
zentrum d. Uni

Markant und unverkennbar durch die aufragenden Kirchtürme erscheint die Silhouette von Greifswald am Horizont, ein beliebtes Motiv für Maler aller Epochen. Auch Caspar David Friedrich malte es.

Nordteil der Stadt abgerissen und durch sozialistische Neubauten (mit Mansardendächern) ersetzt wurde. Dieses Schicksal teilt Greifswald mit Stralsund und Rostock. Der relativ gute Eindruck, den die Häuser an der Nord- und Ostseite des Markts, am Fischermarkt, in der Bader- und Domstraße hinterlassen, darf nicht vergessen lassen, daß unersetzbare Altbausubstanz zerstört wurde. Weiteren wertvollen Bürgerhäusern droht das gleiche Geschick, wenn ihnen nicht schnelle Hilfe zuteil wird. Im Osten und Süden Greifswalds gibt es weitläufige Plattenbau-Siedlungen.

Die Wälle und Gräben der STADTBEFESTIGUNG sind mittlerweile in Grünanlagen umgewandelt. Letzte Zeugen sind *Mauerteile* im Süden und Westen von drei bis fünf Metern Höhe und ein runder Backsteinturm *(Fangelturm)* aus dem 14. Jahrhundert im Nordosten der Stadt.

ST. MARIEN (geöffnet Mo–Fr 10–12 und 14–16 Uhr, Sa 10–12 Uhr), die Pfarrkirche der Altstadt, ist eine dreischiffige kreuzrippengewölbte Hallenkirche mit geradem Ostschluß und mächtigem Westturm, ein typisch mecklenburgischer Bau, wie er ähnlich in Rostock, Neubrandenburg und Friedland errichtet wurde. Im Jahre 1350 wurde nach Vollendung des Langhauses der schöne Ostgiebel mit straffer Vertikalgliederung von fünf Pfeilern und acht Blenden mit Maßwerkformen über drei schmalen Fenstern abgeschlossen. An die Südseite wurde um 1400 die zierliche *Annenkapelle* mit spätgotischen Sterngewölben, bewegter Außengliederung und Doppelapsis im Osten gefügt.

An die Stelle des 1678 zerstörten oberen Turmgeschosses, das ähnlich reich gegliedert war wie das erhaltene erste Geschoß, setzte man 1780 ein Zeltdach mit vier kleinen Fialen, wodurch die massive, gedrückte Wirkung des Turms mit der niedrigen vorgelagerten Halle verstärkt wurde.

Im Innern zeigt sich die Kirche weniger differenziert als erwartet. Die rotgetünchten Backstein-Bündelpfeiler und die buntfarbigen Gewölberippen bilden im hellen Interieur den Hauptschmuck des schlichten, aber ausgewogenen Raums.

Glücklicherweise sind die Hauptkirchen von Greifswald erhalten geblieben. St. Marien, die Pfarrkirche der Altstadt, ist ein typischer regionaler Bau mit mächtigem Westturm und schönem Ostgiebel mit Maßwerk aus dem 14. Jahrhundert. Auffallend ist ihr reich gegliederter Turm. Ausgewogen und monumental überragt die Kirche das Häusergewirr.

In den südlichen Seitenschiffkapellen und in der Westvorhalle finden sich Reste mittelalterlicher *Wandmalereien.* Zu sehen sind ausdrucksvolle Passionsszenen und grünrote Rankenmalerei, die auf 1411 datiert ist, sowie eine Madonna im Strahlenkranz von 1500 und das Bild eines Walfischs, der 1545 in Wieck gefangen wurde. Weitere Malereien befinden sich noch unter Tünche.
Die Ausstattung ging im 19. Jahrhundert teilweise verloren. Eine Ausnahme bildet der *Mittelschrein eines spätgotischen Schnitzaltars* mit der Grablegung Christi, der um 1505 datiert wird. Er ist im nördlichen Seitenschiff aufgestellt.
Sehr eindrucksvoll ist die reichgeschnitzte, intarsierte *Kanzel,* die Joachim Mekelenborg aus Rostock im Jahre 1587 schuf. Sie zeigt am Korb und an der Treppe unter Arkaden Christus und die vier Evangelisten, an der Kanzelrückwand die Bildnisse von Luther, Melanchthon und Bugenhagen.
In der Annenkapelle befindet sich ein kleines geschnitztes *Relief* mit der heiligen Familie aus dem 16. Jahrhundert. Zahlreiche *Epitaphien* und *Grabsteine* aus verschiedenen Zeiten sind erhalten, darunter ein Gedenkstein für den Universitätsgründer Heinrich Rubenow von 1462.
Die NIKOLAIKIRCHE (geöffnet täglich 10–16 Uhr, So 11.15–14.00 Uhr) entstand im 13. Jahrhundert als dreischiffige Halle mit geradem Chorschluß. Bis 1360 wurde sie nach Osten verlängert und zur Basilika umgebaut; um 1400 wurde ein neuer Chor mit dreiseitigem Ostschluß angefügt.
Der sehr hohe *Turm* ist architektonisch aufwendig dreigeschossig gegliedert. Im unteren Teil zeigt er noch frühgotische Formensprache. Das Mittelgeschoß ist ebenfalls dreiteilig und reich mit Maßwerkblenden versehen. Durch die vier runden Ecktürmchen hat er burgartigen Charakter. Das Obergeschoß ist ein zweigeschossiges Oktogon mit übereinanderstehenden Doppelblenden. Nach Einsturz des Helms erhielt der Turm im Jahre 1650 eine Barockhaube.
Reich gegliedert zeigt sich auch der Ostgiebel mit vierteiligem Maßwerkfenster und seitlich je zwei schmaleren, etwas

Das Innere der Marienkirche birgt mehrere Schönheiten, darunter die links sichtbare, reich geschnitzte, intarsierte Kanzel, die Joachim Mekelenborg aus Rostock im Jahre 1587 schuf. Ein Großteil der Ausstattung ging im 19. Jahrhundert verloren.

tiefer angeordneten Fenstern. Im Innern sind an den Achteckpfeilern und profilierten Arkadenbögen noch Rudimente der alten Hallenanlage erkennbar. Ein Obergaden, der den oberen Teil der alten Arkaden wiederholt, gibt die Höhe des neuen Chors an. Die Strebepfeiler sind nach innen gezogen, wodurch außen eine glatte Wand und innen eine Reihe Kapellen neben den Seitenschiffen entstanden. 1824–1833 wurde das Interieur neugotisch umgestaltet, Kreuzrippen und Sterngewölbe blieben dabei intakt. Ein dreiseitiger hölzerner Einbau im Chor von dem Schinkel-Schüler Gottlieb Giese verkürzt die Länge des Schiffes optisch und erweckt den Eindruck eines Chorumgangs. Die Kirche wurde verputzt, mit neugotischen Krabben, Profilen und Ornamenten versehen und blendend weiß getüncht.

In der vierten südlichen Seitenschiffkapelle fanden sich Reste spätgotischer *Wandmalerei,* eine Maiestas Domini mit den apokalyptischen Tieren, in der südöstlichen Chorkapelle die Kreuzigung Christi. Malereien in den anderen Kapellen sind noch nicht freigelegt.

Zur Ausstattung gehören auch *Gemälde,* wie das im Jahre 1460 von Heinrich Rubenow gestiftete, das Greifswalder und Rostocker Professoren im Gebet vor der Jungfrau Maria zeigt. Dazu kommen ein weiteres Professorenbildnis (Prof. v. Essen, 1684) und verschiedene Pastorenbildnisse.

Im südlichen und nördlichen Seitenschiff befinden sich *Beichtstuhleinbauten* mit Bilderfries sowie *Grabkapellen* von Greifswalder Familien mit Schauwänden (teils renovierungsbedürftig), ferner verschiedene *Epitaphien* und *Grabtafeln,* unter denen die des Abtes Hartwig von Eldena von 1447 mit ganzfiguriger Ritzzeichnung bemerkenswert ist.

Eine in diesem Raum seltene Baugeschichte besitzt die JAKOBIKIRCHE (Mo–Fr 10–12 und 14–16 Uhr), die als Pfarrkirche der Neustadt in der zweiten Hälfte des 13. Jahrhunderts als zweischiffige Halle ohne Chor errichtet worden war. Im 14. Jahrhundert kam ein drittes Schiff hinzu, die Rundpfeiler wurden vereinheitlicht und ein Chor mit 5/8-Schluß angefügt.

Die Nikolaikirche ist der Dom von Greifswald (oben) mit seiner Barockhaube über dem reichgegliederten Turm. Unten sieht man die Orgel der Nikolaikirche in dem blendend weiß restaurierten, neugotischen Interieur.

Langhaus und Chor stehen auf Feldsteinsockel, älter jedoch ist das Sockelgeschoß des quadratischen Turms mit Lisenengliederung. In den Obergeschossen ist die Architektur durch feinen Blendenschmuck aufgelockert. Der jetzige vierseitige Turmhelm ersetzte 1966 den alten Fachwerkabschluß. Das Westportal ist mit vielfältig gestuftem Gewände in roten und schwarz glasierten Ziegeln geschmückt.

Im Innern findet sich im östlichen Mittelschiffsgewölbe gotische *Wandmalerei:* eine Maiestas Domini. Die Ausstattung wurde zu Beginn des 19. Jahrhunderts stark reduziert. Es haben sich die romanische *Granittaufe* in Kelchform und zahlreiche *Grabplatten* erhalten. Die beiden kleinen *Schnitzfiguren* Petrus und Paulus vom Ende des 15. Jahrhunderts stammen aus der Sammlung Victor Schultze. Leider beeinträchtigt die grellgrüne Bestuhlung den sonst harmonischen Eindruck des schlichten Innenraums.

Das MUSEUM DER STADT GREIFSWALD (Theodor-Pyl-Straße 1–2, Tel. 03834/2720, Sept.–Juni, Mi–So 10–18 Uhr, Juli–Aug., Mo–Di 13–18 Uhr) ist in einem Relikt des um 1245 gegründeten Franziskanerklosters, dem dreigeschossigen gotischen Wohnhaus der Wache (Guardianshaus), nahe der ehemaligen Stadtmauer in idyllischem Ambiente untergebracht. Es zeigt Sammlungen zur Stadtgeschichte mit Schwerpunkt auf dem mittelalterlichen Leben zur Zeit des Klosters Eldena (z. B. die bei Restaurierungsarbeiten aufgefundenen *gotischen Tonfiguren)* und der Entwicklung der Universität, daneben Kunsthandwerk und Wirtschaftsentwicklung nach dem Zweiten Weltkrieg. Außerdem sind *Gedenkräume für Caspar David Friedrich* mit Ausstellung einiger Zeichnungen (Kopien) und des Gemäldes „Ruine im Riesengebirge“ (1830–1835) eingerichtet. Leider sind hier keine Originale vorhanden. Hier werden auch Arbeiten anderer Greifswalder Künstler seiner Zeit gezeigt. Ein weiterer Gedenkraum gilt *Ernst Moritz Arndt.* Moderne Kunst wird in Sonderausstellungen präsentiert. Insgesamt bietet das Museum eine sorgfältige und objektreiche Zusammenstellung.

Pfarrkirche der Neustadt ist die Jakobikirche aus dem 13./14. Jahrhundert mit ihrem schönen Westportal und den gotischen Wandmalereien im Innern.

Die GEOLOGISCHE LANDESSAMMLUNG (Fr.-Ludwig-Jahn-Str. 17a, Tel. 03834/5271, Mo–Fr 9–16 Uhr) stellt die erdgeschichtliche Entwicklung in der Region vor.
Das TECHNISCHE DENKMAL HOLLÄNDERWINDMÜHLE (Stralsunder Chaussee, Tel. 2647), ist eine restaurierte Windmühle an der Ausfallstraße nach Stralsund, die bei Redaktionsschluß dieses Buches geschlossen war.
Das HOSPITAL ST. SPIRITUS aus dem 13. Jahrhundert hat sich als malerisches Hofambiente erhalten. Es ist von eingeschossigen Fachwerkhäusern des 18. Jahrhunderts umgeben und seit 1262 urkundlich als Altenheim erwähnt.
Das GREIFSWALDER RATHAUS liegt zwischen dem großen Markt und dem Fischmarkt. Es ist ein ungewöhnlicher Bau, der anstelle eines mittelalterlichen Vorgängers 1713–1738 als langgestreckter, zweigeschossiger Putzbau von 16 Achsen mit Giebeln und offenen Hallen an den Schmalseiten im Stil der Spätrenaissance errichtet und im 19. Jahrhundert mehrfach verändert wurde. Hier ist heute außer der Stadtverwaltung das Standesamt in der ehemaligen Ratsstube mit barokkem Deckenstuck von Balthasar Braun und gemalten Tapeten mit mythologischen Szenen untergebracht. Joachim Jastram schuf im Jahre 1966 die Bronzetür: Sie trägt ein Brecht-Zitat und Szenen zur Erhaltung von Greifswald durch die Sowjetsoldaten und zur geistigen Kraft der Widerstandskämpfer gegen die Naziherrschaft.
Das alte HAUPTGEBÄUDE DER UNIVERSITÄT ist ein imponierender dreigeschossiger Bau mit Mansarddach von 77 Metern Länge und 13 Metern Tiefe. Er wurde 1747–1750 von Andreas Mayer aus Augsburg konzipiert und steht teilweise auf Grundmauern eines Vorgängerbaus von 1591. Ein flacher Mittelrisalit besitzt an der Nordfassade in den Obergeschossen Pilastergliederung und zeigt in der Wappenkartusche das schwedische Königswappen. Auf der Südseite wird der Mittelrisalit von einem Architrav abgeschlossen, der das pommersche Herzogswappen und zwei Vasen trägt.
Die spätbarocke Ausstattung der *Aula,* des ehemaligen

Ein Greifswalder Bürgerhaus aus der zweiten Hälfte des 16. Jahrunderts mit reich gegliedertem Renaissance-Giebel. Die unteren Geschosse sind nicht mehr im originalen Zustand. Zu DDR-Zeiten intakt gehalten, könnte es ein Bestandteil überlegter Stadtsanierung werden.

Bibliotheksaals, schuf Jakob Freese. Sie besteht aus einer Galerie auf zwölf ionischen Säulenpaaren, die mit Putten und Vasen bestückt ist. Zum Inventar der Universität gehören zahlreiche *Grabplatten* und ein *Gedenkstein* für Herzog Ernst Ludwig von Pommern-Wolgast (gestorben 1592).
Zur Kunstsammlung gehört der berühmte *Croyteppich,* ein 1554 entstandener Gobelin von Peter Heymans mit der Darstellung Martin Luthers und Mitgliedern des pommerschen und sächsischen Fürstenhauses. Außerdem gibt es hier den *Esther-Teppich,* einen Gobelin aus dem 17. Jahrhundert, eine Sammlung *mittelalterlicher Bildwerke* aus dem Besitz des Victor-Schulte-Instituts für christliche Archäologie und kirchliche Kunst, die *Insignien der Rektoren* aus dem 16. und 17. Jahrhundert, mehrere *Fürstenbildnisse* aus dem 18. Jahrhundert, *Professorenporträts, moderne Graphik* und *Plastik.* Seitdem kürzlich 45 Professoren-Porträts gestohlen wurden (und in Berlin sichergestellt werden konnten), ist die Besichtigung der Aula und der Zugang zu den Kunstschätzen nur noch auf schriftliche Anmeldung möglich.
Der Gesamteindruck von Greifswald ist vorerst zwiespältig: Unter den ALTEN BÜRGERHÄUSERN steht das hervorragendste am *Markt Nr. 11,* ein gotisches Haus mit siebenteiligem Pfeilergiebel, reichem Maßwerk und Dekor von glasierten Ziegeln – eines der schönsten Patrizierhäuser Norddeutschlands. Ein gotisches Haus am *Markt Nr. 13* ist betongeflickt und in schlechter Verfassung – durch die zerbrochenen Fenster werden die herunterbrechenden Decken sichtbar.
Viele Bauten scheinen unrettbar verloren. Noch immer wird Altbausubstanz abgerissen und bestenfalls durch historisierende Neubauten ersetzt. In der Stadt wurden aber auch Häuser aus der Renaissance, aus der Barockzeit und Ensembles von klassizistischen Häusern intakt gehalten; Eckpfeiler für eine überlegte Stadtsanierung, durch die Greifswald wieder eine Schönheit im Ostseeraum werden könnte.
Eine GALERIE ist im Caspar-David-Friedrich-Institut, Bahnhofstraße 46/47, Tel. 2546, untergebracht.

Eines der letzten spätgotischen Giebelhäuser in Greifswald steht am Markt Nr. 11 und ist ein hervorragendes Beispiel hansischer Baukunst.

Rund um Greifswald

Wieck

östlich von Greifswald auf der Nordseite des Ryck an der Mündung in das Dänische Wiek/Greifswalder Bodden

Wieck ist ein altes, ziemlich intakt gebliebenes und gepflegtes FISCHERDORF mit etlichen Reetdachhäusern, dabei auch queraufgeschlossene *Kapitänshäuser.* Seine Attraktion ist die *hölzerne Klappbrücke,* die nach holländischem Vorbild im Jahre 1886 über den Ryck gespannt wurde und heute noch in Betrieb ist.

Eldena

auf der Südseite des Ryck nahe der Mündung in das Dänische Wiek/Greifswalder Bodden, südlich von Wieck

Die Gründung des ZISTERZIENSERKLOSTERS HILDA (SPÄTER ELDENA) erfolgte im Jahre 1199 nach der Zerstörung des Klosters in Dargun (s. u.) als Tochter des dänischen Klosters Esrom. Von Hilda aus gründeten Mönche im Jahre 1241 die Stadt Greifswald. In den Jahren 1249 und 1265 kamen neue Trakte hinzu. 1533 wurde das Kloster säkularisiert und in ein „Fürstliches Amt" umgewandelt. Bis ins 18. Jahrhundert herrschte Verfall, einzelne Gebäudeteile wurden sogar abgerissen. Caspar David Friedrich malte auf seinen Bildern wiederholt Motive mit Eldena-Ruinen und setzte sich für ihren Erhalt erfolgreich ein. Im Jahr 1827 fanden Sicherungsarbeiten statt, das Gelände wurde nach einem Plan von Peter Joseph Lenné bepflanzt. 1828 und 1926 wurden Ausgrabungen am Westflügel vorgenommen. Heute sind imponierende Ruinen der Klosterkirche Santa Maria, der Klausurgebäude und des Kreuzgangs Santa Maria, die einen Eindruck von der Größe und Bedeutung der Anlage vermitteln, in malerischem Umfeld zu besichtigen.

Das alte Fischerdorf Wieck bei Greifswald besitzt mit seiner hölzernen Klappbrücke über den Ryck, die 1886 nach holländischem Vorbild errichtet wurde, eine Attraktion besonderer Art.

Für den Erhalt der imponierenden Ruinen des Klosters Eldena setzte sich der Maler Caspar David Friedrich erfolgreich ein. Im unteren Bild die Reste der Westfront der Klosterkirche Sankt Maria.

Ludwigsburg

an der Ostseite des Dänischen Wieks, nordwestlich von Kemnitz

Das alte RENAISSANCE-SCHLOSS, das nach 1577 als dreigeschossiger Bau mit kurzen Querflügeln errichtet wurde und das eine schlichte, beeindruckend hohe, blockhafte Erscheinung besaß, ist heute eine Ruine. Es konnte ein ansehnliches Portal mit Karyatiden und Kartuschen, eine große gewölbte Halle auf mächtigen Rundpfeilern im Erdgeschoß und im ersten Obergeschoß eine schöne Balkendecke aus der Erbauungszeit mit reichem floralem und figürlichem Stuckdekor vorweisen. Nun ist es verwohnt wie so viele Herrschaftsbauten in Vorpommern. Für den genauen Beobachter ist es leicht ersichtlich, daß der Verfall mit einer defekten Dachrinne begann. Dies führte vom Dach aus als hypertrophierender Wasserschaden zu herunterbrechenden Decken und stetigem Verfall des Gebäudes. Die große *Parkanlage* und einige ansehnliche *Fachwerkwirtschaftsbauten* sind erhalten.

Griebenow

10 km westlich von Greifswald

Die hübsche, 15seitige FACHWERKKIRCHE auf Feldsteinsockel wurde im Jahre 1616 errichtet. Ihre 15 hölzernen Ecksäulen tragen ein reich profiliertes Gesims und sind oben mit Maskenköpfen verziert. Das Zeltdach mündet in eine schlanke Spitze. An der Umfassungsmauer steht separat ein hölzerner Glockenstuhl mit einer Glocke von 1655. Die Kirche ist außen dunkelrot gestrichen, die Eckbalken stechen in dekorativem Weiß davon ab.

Das Innere, der *Altaraufbau* von 1654 mit Weinlaubsäulen, Wappen und Schnitzfiguren, die zeitgleich geschaffene *Kanzel* und *Orgel,* das *Gestühl* und das aufwendige *Sakristeigehäuse* sind zur Zeit nicht zu besichtigen, da das Kircheninterieur restauriert wird.

Zu der stattlichen SCHLOSSANLAGE am Ende einer Kastaniendoppelallee gehören mehrere flankierende, symmetrisch

In Griebenow, westlich von Greifswald, steht eine stattliche Schloßanlage mit Teich und altem Park (unten). Dazu gehört eine pittoreske fünfzehnseitige Fachwerkkirche (oben) mit Zeltdach und schlanker Spitze.

angeordnete Bauten mit Marstall und Kavaliershaus. Das Schloß selbst wirkt unansehnlich. Es stammt von 1709 und ist ein 13achsiger, zweigeschossiger Bau mit Mittelrisalit und Giebeln zur Hof- und Gartenseite. Das Sockelgeschoß besitzt Tonnen- und Kreuzgewölbe. Ein Wappen über dem Portal weist auf den Erbauer, den Grafen von Keffenbrinck-Rehnschild, hin.

Der *Festsaal* soll mit schönem Stuck und Wanddekoren ausgestattet sein. Das Schloß ist nicht zu besichtigen, da es als Pflegeheim dient, jedoch auch sein *Park* mit Teich und altem Baumbestand ist sehenswert.

Greifswalder Bodden
Falkenhagen
Reinberg
E251
Riems
Koos
Riemserort
Kirchdorf
Karren-
dorf
Koos
Mesekenhagen
Wampen
Horst
Groß
Petershagen
96
Neuenkirchen
Gahlkow
Loissin
Greifswald
Ludwigs-
burg S.56
Wieck
S.54
Ryck
Levenhagen
Eldena
S.54
Ziese
Griebenow S.56
Kemnitz
Hinrichshagen
109
Hans-
Hagen
Friedrichsfelde
Helmshagen
Weiten-
hagen
Diedrichshagen
Dersekow
96
Schwinge
Groß
Kiesow
Groß-
Zastrow
Dargelin
Behrenhoff
Schlagow
Krebsow

Grimmen, Demmin und Umgebung

Turow

12 km südwestlich von Grimmen

Daß SCHLOSS TUROW auf eine ehemalige Wasserburg des 12. Jahrhunderts zurückgeht, lassen die erhöhte Anlage und der abfallende Parkgarten noch erkennen. Der zweigeschossige Bau auf hohem fensterlosem Keller ist burgartig und hufeisenförmig, seine Seiten umfangen einen kleinen Hof, den eine Mauer mit Pforte abschließt. Über ihr erhebt sich ein kleines Glockentürmchen. Umbauten haben die frühere Anlage verändert: Der westliche Flügel besitzt unter der Traufe ein Mezzaningeschoß aus Fachwerk. Im Erdgeschoß hat sich ein Raum des 16. Jahrhunderts mit Mittelstütze und Bogengewölbe, die sogenannte Kapelle, erhalten, die von außen an einem flachen Erkerbau erkennbar ist. Hier finden sich Reste *bemalter Stofftapeten* aus dem frühen 19. Jahrhundert. Sie zeigen arkadische Ruinenlandschaften zwischen korinthischen Säulen. Zur Zeit sind die Tapeten wegen Renovierung abgenommen. Eine schöne Stuckdecke aus dem 18. Jahrhundert, die frisch restauriert wurde, ziert den Festsaal im Erdgeschoß. Nach Abschluß aller Arbeiten werden auch wieder die vier barocken *Putten* in dem kleinen, schönen *Park* mit altem Baumbestand aufgestellt.

Das Schloß ist im Besitz der evangelischen landeskirchlichen Gemeinschaft. Der unansehnliche äußere Zustand des Gebäudes täuscht: Es befindet sich in gutem baulichem Zustand.

Langenfelde

östlich von Nehringen, nordwestlich von Demmin, südwestlich von Grimmen

Wer bei der Ortsdurchfahrt das SCHLOSS oder große Guts-

Gremersdf.
Vorland
Grimmen
Greifswald
Jessin
Kirch Baggendf.
Wendisch Baggendf.
Kandelin
Hinrichshgn.
Granzebieth
Poggendf.
Dersekow
Turow S.60
Rakow
194
Dargelin
Sassen
Dorow
Glewitz
Vorbein
Wasdow
Langenfelde S.60
Trantow
Görmin
96
Nehringen S.62
Loitz S.72
Modrow
Plestlin
Bandelin
Stubbendf.
Brudersdf.
Rustow S.72
Wüstenfelde
Bentzin
Beestland
Tutow S.74
110
Jarmen
Demmin S.68
Dargun S.64
Glasow
Kruckow
Kartlow
Kleverhof
Levin S.66
110
Sieden-brünzow
Vorwerk S.70
Plötz S.76
Völschow
Peene
Broock S.74
Verchen S.66
Lindenhof
Utzedel
Art Tellin
Daberkow
Neukalen
Kummerower See
Beggerow
194
Bartow

haus von Langenfelde erblickt, wird seinen Augen nicht trauen: Der ehemals stattliche Bau des 19. Jahrhunderts auf Feldsteinsockel mit einer klassisch strengen Fassade aus klassizistischen Elementen und Attika und zwei historistischen Ecktürmen an der Gartenfront, ist zur Ruine verkommen. Der Verfall vermag allerdings nicht, die ehemalige Ausgewogenheit des Gebäudes zu verdecken. Teile des Herrenhauses sind noch bewohnt und durch einen Kindergarten genutzt.

Nehringen

südwestlich von Grimmen, nordwestlich von Demmin an der Trebel, westlich von Langenfelde

Nehringen bietet dem Reisenden ein selten geschlossenes und INTAKTES ORTSBILD. Um ein zentrales Rasenrondell sind das SCHLÖSSCHEN und zwei flankierende Gebäude gruppiert, ferner der Wirtschaftshof mit dem Verwalterhaus (heute Gemeindeamt). Dieser dem Schlößchen ähnelnde Backsteinbau, der sich durch vier Pilaster und Giebeldreieck mit Ochsenauge von den anderen Gebäuden unterscheidet, zeigt die meisten Bauschäden im Ensemble.

Die barocke KIRCHE aus dem 17. Jahrhundert ist mit einer Ringmauer umgeben und schließt die Bebauung ab. Sie ist einschiffig, hat einen lichten Innenraum mit dreiseitigem Ostschluß und besitzt eine *bemalte, flache Holzdecke,* die nach einer Restaurierung in Teilen unter der bemalten Putzdecke sichtbar gemacht worden ist.

Der *Renaissancealtar* von 1598 zeigt Sündenfall, Kreuzigung und Abendmahl in mehreren Marmorreliefs.

Die weitere Ausstattung – *Kanzel, Taufengel, Beichtstuhl, Logen* und *Orgelprospekt* – stammt von 1722. Die Kirche wird zur Zeit renoviert.

Das kleine eingeschossige SCHLÖSSCHEN mit Mansarddach und Dreiecksgiebel auf Säulen aus der zweiten Hälfte des 18. Jahrhunderts beherbergt heute eine Gastwirtschaft und ist gut gepflegt. In einer Senke hinter dem Gebäude fließt die

Von dem stattlichen Schloß aus dem 19. Jahrhundert in Langenfelde (oben) mit seiner klassisch strengen Fassade und den Ecktürmen blieb nur ein trauriges Relikt.

Schloß Turow (unten), ursprünglich eine alte Wasserburg mit diversen späteren Um- und Anbauten – darunter ein Raum aus dem 16. Jahrhundert –, ist in gutem Zustand und wird renoviert.

Trebel; eine hölzerne restaurierte *Klappbrücke* von 1913 ermöglicht heute wie in vergangenen Zeiten den Übergang. Im nahen *Park* erhebt sich auf einem Wall der Rest der mittelalterlichen *Grenzburg* zu Mecklenburg: ein mächtiger, rechteckiger Backsteinwohnturm auf gewaltigem Feldsteinsockel. Der obere Teil fehlt, die Eingänge liegen sechs Meter über dem Wall.

Dargun

an der 110 westlich von Demmin

Einen Kilometer nördlich des Ortes existiert eine große SLAWISCHE BURGANLAGE aus dem siebten bis zwölften Jahrhundert mit mehreren Wällen und Gräben. Im zehnten bis zwölften Jahrhundert wurde ein kleiner Rundwall hineingebaut, der heute als Friedhof genutzt wird.

An dem lebhaften Städtchen Dargun beeindruckt besonders die gewaltige Ruinenanlage von Kloster und Schloß. Hier wurde im Jahre 1172 vom dänischen Esrom aus ein Zisterzienserkloster gegründet, das 1199 zerstört und in Eldena neu gegründet wurde (s. o.). 1209 erfolgte eine Neubesetzung in Dargun, die nun von Doberan ausging. Die heutige Ruine der KLOSTERKIRCHE ST. MARIEN ist der Rest einer 1225–1270 errichteten dreischiffigen Pfeilerbasilika. 1464–1479 erneuerte man sie aus dem Mittel- und nördlichen Seitenschiff mit Querschiff, Chorumgang und Kapellenkranz nach dem Vorbild von Doberan in gesteigerter Höhe.

An der Südseite des Querschiffs haben sich zwei *Grabsteine* aus dem 14. Jahrhundert mit Ritzzeichnungen erhalten: Sie erinnern an H. und L. Maltzan und den Abt Gregor.

Das Kloster wurde nach der Säkularisierung im Jahre 1552 durch Herzog Albrecht I. von Mecklenburg zum Schloß umgebaut. Es diente als Nebenresidenz der Herzöge von Güstrow und ist eine großzügige Vierflügel-Renaissanceanlage, in die die Kirche im Süden einbezogen wurde. Der Westteil wurde im 16. Jahrhundert erbaut, der Rest im 17. Jahrhundert. Seit 1945 ist die imposante und weitläufige Anlage mit

In Nehringen hat sich ein hübsches Ortsensemble erhalten; ein Schlößchen (unten), ein Wirtschaftshof mit Verwalterhaus und eine barocke Kirche umgeben ein zentrales Rasenrondell.

Kloster und Schloß Dargun sind seit 1945 Ruinen, die noch heute eine bestürzende Monumentalität und Eindringlichkeit ausstrahlen. Oben die Ruine der Südwand der Klosterkirche, der Rest einer einst dreischiffigen Pfeilerbasilika.

Arkadeninnenhof und vier runden Ecktürmen Ruine. Sie brannte vollständig aus. Die Umfassungsmauer mit zwei Toren wird zur Zeit restauriert, die gewaltigen Ruinen werden gesichert.
Von den KLOSTERGEBÄUDEN hat sich das sogenannte *Kornhaus* erhalten, ein sehr altes Speicherhaus, dessen Unterbau aus dem 13. Jahrhundert, die Obergeschosse von 1585 stammen. Es soll nun Klosterhotel werden. An der Straße befindet sich die Ruine des *Pfortenhauses.* Auch dieses Gebäude mit den Resten einer angeschlossenen Kapelle hat seine Wurzeln im 13. Jahrhundert.
Die STADTKIRCHE DARGUN war ursprünglich ein frühgotischer Feldsteinbau des 13. Jahrhunderts. Sie wurde im Jahre 1753 in Backstein erneuert und 1861 mit einer polygonalen Apsis erweitert. Ihre Besonderheit ist ein spätgotischer *Flügelaltar* mit vielfiguriger Kreuzigungsgruppe und vier Heiligen im Schrein, fünf Aposteln in den Flügeln und bemalten Außenseiten. Eine gotische *Grabplatte* stammt aus der Klosterkirche.

Levin

zwischen Dargun und Demmin an der 110, kurz vor Dargun

Die DORFKIRCHE ist ein früher Feldsteinbau aus der Mitte des 13. Jahrhunderts mit typischen spätromanischen Rundbogen-Doppelfenstern. Steile Kreuzrippengewölbe decken den quadratisch eingezogenen Chor mit geradem Abschluß und das einschiffige Langhaus. Triumph- und Gurtbögen sind tief heruntergezogen. Aus dem 15. Jahrhundert stammt das Backstein-Obergeschoß des Turms. Seine Giebel sind reich mit Blenden geschmückt, ein hölzerner, steiler Achteckhelm krönt ihn.

Verchen

am Nordende des Kummerower Sees, westlich der 194

In Verchen wurde seit 1269 ein BENEDIKTINERINNEN-KLOSTER gegründet. Den Kirchenbau begann man im Jahre 1270:

Der Chor der ehemaligen Klosterkirche Dargun. Rechts wird ein Teil der Fassade des vierflügeligen Renaissanceschlosses sichtbar. Die Anlage wird gegenwärtig restauriert, die gewaltigen Ruinen werden gesichert. Das unzerstörte Kornhaus aus dem 13. Jahrhundert soll als Hotel ausgebaut werden.

Eine frühgotische Backsteinkirche mit flacher Decke, schlanken Spitzbogenfenstern und Glockenturm an der Nordseite wurde errichtet. Der Westgiebel ist durch drei Blendenreihen gegliedert. Erst im 15. Jahrhundert kam der polygonale Chor hinzu. Er besitzt Sterngewölbe und Strebepfeiler.
Drei Chorfenster zeigen Reste von *Glasmalerei* des 15. Jahrhunderts mit den Motiven einer Kreuzigung und einiger Heiliger. Sie wurden 1862 restauriert und stark ergänzt.
Ein *Schrein* mit Verkündigungsgruppe und musizierenden Engeln von 1420 wurde 1955 restauriert.
Aus der Spätrenaissance stammt die reich geschnitzte *Kanzel;* das *Kruzifix,* das vormals auf dem Triumphkreuz stand, ist im 15. Jahrhundert gefertigt. Auf der Nonnenempore und im Chor haben sich Reste von *Wandmalerei* erhalten.

Demmin

am Zusammenfluß von Trebel, Peene und Tollense und an der Kreuzung der 110 und der 194

Der Besucher wird in der mit Wohnkasernen gepflasterten Stadt, die nur noch wenig Altbausubstanz besitzt, nur mit viel Phantasie eine Vorstellung von der einst reizvollen pommerschen Stadt gewinnen können. Sie wurde 1945 wegen Widerstands der Bevölkerung, der vom Pulverturm ausging, von der Sowjetarmee in Brand gesteckt und zu 70 Prozent zerstört. 700 Bürger begingen Selbstmord. Beim Wiederaufbau wurde der Stadtgrundriß verändert.
Demmin wurde Mitte des 13. Jahrhunderts nahe einer slawischen Fürstenburg auf gitterförmigem Grundriß mit zentral gelegenem Markt und Rathaus gegründet, erhielt lübisches Recht und bekam noch im selben Jahrhundert die erste BEFESTIGUNG. Vom 16. bis zum 18. Jahrhundert kamen weitere Wälle und Gräben hinzu. Nur ein Teil der Mauer mit einem runden Mauerturm, dem sogenannten *Pulverturm,* hat sich davon erhalten. Von den fünf Stadttoren blieb nur das *Luisentor* aus dem 13. und 15. Jahrhundert übrig, ein massiver Backsteinturm mit Treppengiebel und zurückhaltender

Vom Pulverturm in Demmin ging im Jahre 1945 der Widerstand gegen die Sowjetarmee aus, die darauf die Stadt zu 70 Prozent zerstörte.

Blendendekoration, der leider mit andersfarbigen Steinen restauriert wurde.
Ein monumentaler *Speicher* erinnert an die Zeit, als die Peene noch für größere Kähne schiffbar war.
Die STADTKIRCHE ST. BARTHOLOMÄUS war einst ein Backsteinbau des 14. Jahrhunderts. In der heutigen Gestalt wurde sie 1684–1706 erbaut; der Ostgiebel und das Turmoberteil stammen von 1853–1857 nach Plänen von Friedrich August Stüler und Sepp Weber. Von der ursprünglichen Ausstattung ist kaum etwas erhalten. Viele neugotische Formen prägen das Bild.
Zu den wenigen Sehenswürdigkeiten der Stadt gehört der alte MARIENKIRCHHOF (Marienhain) außerhalb der mittelalterlichen Stadtbefestigung. Die Marienkirche wurde 1630 im Dreißigjährigen Krieg auf Geheiß des Stadtkommandanten Herzog von Savelli abgerissen, weil sie zu nah an der Festungsmauer gelegen war. Heute bestimmt eine achteckige klassizistische Kapelle von 1799, die jetzt als *Galerie Marienhain* genutzt wird, das Bild. Ein *Grabstein* von Johann Gottfried Schadow für das Kaufmannsehepaar Lobeck aus Demmin ist hier neben anderen alten *Epitaphien* zu finden.
Das KREIS-HEIMATMUSEUM (Adolf-Pompe-Str. 23, Tel. 03998/2152, Mo–Fr 8.30–16 Uhr) zeigt nach erheblichen Verlusten im Zweiten Weltkrieg (Auslagerung der kulturhistorisch-kirchlichen und der Autographensammlung ohne Rückgabe) vor- und frühgeschichtliche Funde des Gebiets, Exponate zur Stadtgeschichte (mittelalterliche Justizinstrumente, zur Entwicklung als Hafen- und Hansestadt, Münzen, Zinn und Möbel.
Die sogenannte *Pommernbibliothek,* das Archiv und das Zeitungsarchiv können nach Anmeldung genutzt werden.

Vorwerk

südlich von Demmin an der 194

Vorwerk ist ein Vorort von Demmin an der Peene. Hier steht auf historischem Boden das sogenannte HAUS DEMMIN,

St. Bartholomäus in Demmin ist ursprünglich ein Backsteinbau des 14. Jahrhunderts. Um 1700 wurde die Kirche erneuert. Das neugotische Turmoberteil stammt von 1853.

Eines der wenigen Relikte der mittelalterlichen Stadtbefestigung Demmins ist das Luisentor mit seinem Treppengiebel aus dem 13. und 15. Jahrhundert, das leider auf der Feldseite mit andersfarbigen Ziegeln renoviert wurde.

die Ruine einer frühdeutschen Burganlage auf den Resten einer 1128 erwähnten pommerschen Fürstenburg. Haus Demmin wurde im Jahre 1631 zerstört. Das GUTSHAUS (eine derzeit nicht zugängliche Baustelle) ist ein zweigeschossiger, spätklassizistischer Bau von 1850, der einen Raum mit *gemalten Tapeten* birgt.

Rustow

nördlich von Demmin an der 194, auf dem Weg nach Loitz

Das SCHLÖSSCHEN von Rustow liegt hinter einer Lindenallee und ist ein streng klassizistischer, zweigeschossiger Putzbau mit Walmdach und einem Mittelrisalit mit Dreiecksgiebel. Im Giebelfeld ist das Wappen derer von Baerenfels angebracht, das von Löwen gehalten wird. Darunter befindet sich ein Akanthusfries. Über dem Portal erhebt sich ein Halbrundfenster, über den Eckfenstern liegen Dreiecksgiebel. Nach Kriegsende wurde das Schloß mit Umsiedlern belegt, dann diente es als Waisenhaus und Hilfsschule. Seit 1980 ist es Kinderheim.

Loitz

nordöstlich von Rustow an der 194 auf dem Weg nach Grimmen

In Loitz steht von der alten BEFESTIGUNG noch das *Steintor* aus dem 14. Jahrhundert. Von der ehemaligen Bedeutung des Städtchens ist nichts mehr zu spüren.

Die HEIMATSTUBE DR. ERICH GÜLZOW (Heiliggeiststr. 195; Tel. 03998/301; Besichtigung nach Vereinbarung) ist in dem ältesten Haus des Ortes, der *Heiliggeistkirche,* untergebracht. Dr. Gülzow war ein pommerscher Heimatforscher, der hier lebte und wirkte. In drei Räumen wird die Stadtgeschichte von der ersten Besiedlung bis zur Gegenwart verdeutlicht. Die Geschichte der pommerschen Festung wird dabei besonders berücksichtigt. Daneben sind Geräte und Maschinen selten gewordener oder ausgestorbener Berufe zu finden, wie z. B. die des Reetdeckers, Seilers und holzver-

Das klassizistische Schlößchen von Rustow (oben) mit Mittelrisalit und Dreiecksgiebel. Es ist in gutem Zustand. Loitz ist ein verträumter kleiner Ort: links die Ansicht eines alten Speichers, rechts ein Blick auf das alte Steintor aus dem 14. Jahrhundert und die Pfarrkirche St. Marien, die im 19. Jahrhundert stark verändert wurde. Sie besitzt aber noch ihre alten Stern- und Kreuzgratgewölbe sowie einen spätromanischen Taufstein.

arbeitender Handwerke. Auf Nachfrage kann ihre Tätigkeit auch mit Filmmaterial dokumentiert werden.

Broock

südöstlich von Demmin an der Tollense bei Alt Tellin

Das mächtige HERRENHAUS des ehemaligen Ritterguts stammt aus der Mitte des 19. Jahrhunderts und löste eine barocke Anlage ab. Es besitzt 17 Achsen und ist ein breiter, zweigeschossiger Bau mit Mezzaningeschoß und Zinnen vor dem steilen Dach. An den Ecken und am dreigeschossigen Mittelrisalit befinden sich schlanke Fialtürmchen. Wie so viele Herrenhäuser, wurde das Schloß nach 1944 für Evakuierte genutzt und später durch Mietnutzung verwohnt. Seit 1980 steht es leer und ist zur Ruine geworden.

Tutow

an der 110 zwischen Demmin und Jarmen

Nahe der Straße liegt ein sehr gut erhaltener spätslawischer, zehn Meter hoher BURGWALL aus dem elften bis zwölften Jahrhundert.

Im 19. Jahrhundert wurde das mächtige Herrenhaus von Brook anstelle des barocken Vorgängers errichtet. Der verwohnte Bau ist heute eine traurige Ruine.

Friedland, Anklam, Uecker-münde, Pasewalk und Umgebung

Kartlow

südwestlich von Jarmen, südlich der 110

Die Kirche St. Johannes wurde bereits im Jahre 1249 geweiht. Sie besitzt einen Feldsteinchor mit spitzbogiger Dreifenstergruppe und einfachem spätgotischem Sterngewölbe. Das Langhaus ist aus Backstein erbaut und besitzt eine flache Decke. Das Südportal ist vermauert, aber mit seinen Rundstäben im Gewände noch sichtbar. Erst 1869 wurde der Westturm mit Feldsteinsockel angefügt.

Die Kirche besitzt eine gotische *Kalksteintaufe* und eine geschnitzte *Johannesfigur* von G. Becker aus Anklam.

Kartlow besitzt ein gut erhaltenes neugotisches Schloss des 19. Jahrhunderts mit einem weitläufigen Landschaftspark. Es wurde 1853–1858 für Wilhelm von Heyden mit einem großen Wirtschaftshof und Feldsteinscheunen errichtet. Architekt war Friedrich Hitzig aus Berlin. Das verputzte Gebäude zeigt zeitentsprechend eine Mischung historistischer Formen der Gotik und Renaissance mit Türmen, Giebeln und Dachfenstern in unsymmetrischer Gliederung. Das Portal liegt unter einem Säulenvorbau mit *Wandmalereien* (Martin Luther und der Hl. Bonifatius), die sich auch im sogenannten „Großen Damenzimmer“ finden. Im Schloß sind Wohnungen und ein Kindergarten untergebracht. Zwischen die imposanten Feldsteinscheunen wurden Schuppen gebaut.

Plötz

südöstlich von Kartlow, südwestlich von Jarmen

Schloss Plötz steht schon lange Zeit leer und ist dem Verfall ausgesetzt. Ehemals eine stattliche zweiflügelige, neugotische Anlage aus dem Jahre 1866 mit hochragendem Turm,

Kartlow besitzt nicht nur die mittelalterliche Kirche St. Johannes mit einem Feldsteinchor, sondern auch ein neugotisches Schloß mit historischen Details. Ein Säulenvorbau mit Wandmalerei überdeckt das Portal.

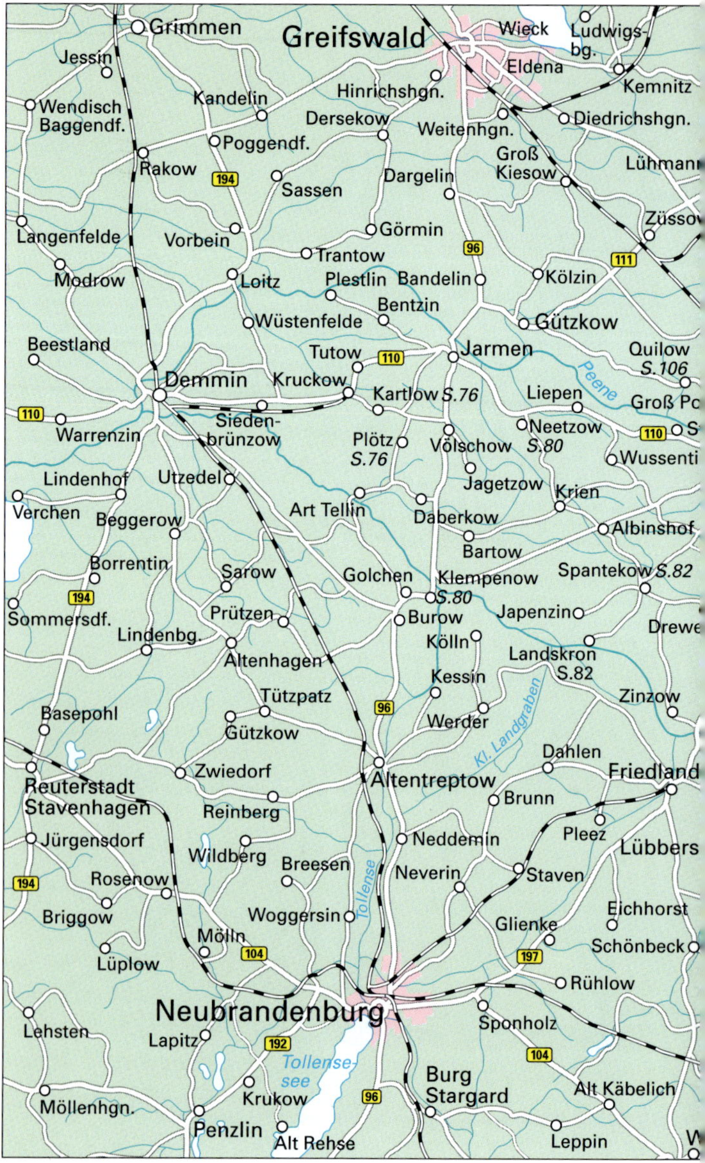
Grimmen
Greifswald
Wieck
Ludwigsbg.
Jessin
Eldena
Kemnitz
Hinrichshgn.
Wendisch Baggendf.
Kandelin
Dersekow
Weitenhgn.
Diedrichshgn.
Poggendf.
Groß Kiesow
Rakow
194
Dargelin
Sassen
Langenfelde
Vorbein
Görmin
96
Trantow
111
Modrow
Loitz
Plestlin
Bandelin
Kölzin
Bentzin
Wüstenfelde
Gützkow
Beestland
Tutow
110
Jarmen
Quilow S.106
Demmin
Kruckow
Kartlow S.76
Peene
Liepen
110
Warrenzin
Sieden-brünzow
Neetzow S.80
Plötz S.76
Völschow
Wussenti
Lindenhof
Utzedel
Jagetzow
Verchen
Art Tellin
Krien
Beggerow
Daberkow
Albinshof
Bartow
Borrentin
Sarow
Golchen
Klempenow S.80
Spantekow S.82
Sommersdf.
194
Prützen
Burow
Japenzin
Lindenbg.
Kölln
Landskron S.82
Altenhagen
Kessin
Tützpatz
96
Zinzow
Basepohl
Gützkow
Werder
Kl. Landgraben
Dahlen
Zwiedorf
Altentreptow
Friedland
Reuterstadt Stavenhagen
Brunn
Reinberg
Pleez
Jürgensdorf
Neddemin
Lübbers
Wildberg
Breesen
Tollense
Neverin
Staven
194
Rosenow
Eichhorst
Briggow
Woggersin
Glienke
Schönbeck
Mölln
104
197
Lüplow
Rühlow
Neubrandenburg
Sponholz
Lehsten
Lapitz
192
104
Tollense-see
Burg Stargard
Möllenhgn.
Krukow
96
Alt Käbelich
Penzlin
Alt Rehse
Leppin

Groß Ernsthof
Zinnowitz
Oder-
Wolgast
111
Koserow
Krummin
Usedom
Hohendf.
Lutow
Peene-
strom
Achterwasser
Ückeritz
Swinoujście - Travemünde
bucht
Buddenhagen
Wehrland
Warthe
111
Seebad Bansin
Zemnitz
Pudagla
Seebad Heringsdorf
Lassan
S.106
Dewichow
Benz
Seebad Ahlbeck
Rankwitz
Rubkow
Mellenthin
Swinoujście
Buggenhgn.
Sükow
110
109
Murchin
Kachlin
Ziethen
Usedom
Zirchow
Anklam S.98
Stolpe
Kleines Haff
Karsibór
Karnin
Welzin
Auerose
S.98
Oderhaff
Rosenhagen
Neu
Kosenow
Bugewitz
197
Leopoldshagen S.96
Rossin
Sarnow
Altwarp
Ueckermünde S.94
Lübs
Vogelsang
S.96
Nw.
Warpno
Löwitz S.92
Schwichten-
berg
Luckow
Meiersberg
109
Ueckеr
Rieth
Eggesin
Ferdinandshof
Ahlbeck
Kotelow
Heinrichsruh
Wilhelmsburg
88
Randow
Hintersee
Torgelow
Galenbecker
See
Glashütte
Rothemühl
Hammer
Borken
Voigtsdorf
Jatznick
Schönwalde
Viereck
Schönhsn.
Wismar
Koblentz
Mewegen
Blanken-
see
Strasburg
S.88
Papendf.
104
Pasewalk
S.90
104
Boock
S.88

Zinnenkranz und Ecktürmchen vor dem steilen Dach, ähnelte es in vielen Einzelheiten Schloß Broock. Vor dem Verfall diente es als Lehrlingswohnheim. Sein desolater Zustand ist durch unreparierte Schäden an den Dachrinnen hinter den Zinnen und daraus resultierendem Wassereinbruch zu erklären.

Neetzow

südlich der 110 zwischen Jarmen und Anklam

Das riesige SCHLOSS NEETZOW wurde im Jahre 1850 von Friedrich Hitzig in neugotischem und neuromanischem Stil für Wilhelm von Kruse in gelben Klinkern erbaut. Es ist eine asymmetrische Anlage mit zwei Türmen und Säulenvorbau an der Ostseite. Die Fassaden wurden 1964 vereinfacht. Innen sind mehrere Räume in Originalausstattung erhalten: das *Kaminzimmmer* mit reichen Wand- und Deckenstukkaturen, die runde *Lichthalle* mit Galerie, die *Säulenhalle* des Eingangs und der *Festsaal,* der früher zwei Etagen einnahm. Zu DDR-Zeiten wurde der Saal durch Einziehen einer Decke geteilt. Seit 1962 war hier ein Institut der Akademie der Agrarwissenschaften untergebracht. Der angrenzende *Park* mit seinen 20 Hektar macht allerdings, ebenso wie das Schloß, einen ungepflegten Eindruck.

Klempenow

am Großen Landgraben, zwischen Jarmen und Altentreptow an der 96

BURG KLEMPENOW ist Ruine. Sie stammt aus dem 16. Jahrhundert und löste eine vorhergehende Burg ab. Als pommersche Grenzfeste an der strategisch wichtigen Position des Zusammenflusses von Landgraben und Tollense wurde sie, ähnlich der Feste Landskron, im Dreißigjährigen Krieg hart umkämpft. Sie war eine runde Anlage mit vier Türmen, von denen der nordöstliche mit Spitzhelm erhalten blieb. Der Verfall setzte bereits nach 1648 ein. Ende des 19. Jahrhunderts wurden die Reste des Gebäudes noch einmal gesichert.

Die Burganlage von Klempenow aus dem 16. Jahrhundert ist heute hoffnungslos verfallen. Sie war im Dreißigjährigen Krieg als pommersche Grenzfeste hart umkämpft und besaß ehemals vier Türme.

Landskron

südöstlich von Klempenow, westlich von Spantekow am Landgraben

In den Sümpfen am Großen Landgraben liegt die monumentale Ruine der ehemaligen FESTUNG von 1576, die Ulrich von Schwerin bauen ließ und die einst zu den bedeutendsten Schloßbauten in Pommern zählte. Sie war ein dreigeschossiger Renaissancebau mit Ecktürmen, umgebender Rundmauer, Wall und Wassergraben. Teile der Ringmauer, der Häuser, der Ecktürme und der Schloßkirche sind noch erkennbar. Die Burg verfiel kurz nach dem Dreißigjährigen Krieg.

Spantekow

westlich der 197, südwestlich von Anklam, nordwestlich von Friedland

Von der ehemaligen FESTUNGSANLAGE, die die Familie derer von Schwerin anstelle einer mittelalterlichen Burg im Jahre 1567 auf unregelmäßigem Grundriß mit Schutzgräben errichten ließ, stehen nach der Schleifung von 1677 heute noch die *Gewölbe der Kasematten* und die *Eckbastionen:* ein Beispiel einer Flachlandfestung, von der es in Mecklenburg-Vorpommern im Verlauf der Geschichte nur zwei gegeben hat. Erhalten hat sich das große RENAISSANCESCHLOSS auf unregelmäßig viereckigem Grundriß mit sparsamen Renaissancedetails. Das Gewölbe des beeindruckenden *Remters* wird von zwei gewaltigen Pfeilern getragen. Nach stark verändernden Umbauten um 1900 wird das Gebäude heute als Altenheim genutzt. Erhalten hat sich auch ein großes *Wirtschaftsgebäude.*

Über dem Eingang zur Festung befindet sich eine *Relieftafel* mit den annähernd lebensgroßen Figuren des Bauherrn Ulrich I. von Schwerin und seiner Frau Anna von Arnim. Die Anlage ist mit Ausnahme des Tors ganzseitig von Wasser umgeben.

Ulrich I. von Schwerin ließ im Jahre 1576 die Festung Landskron (oben) in den Sümpfen am Großen Landgraben erbauen. Einst war sie eine der bedeutendsten Festungsanlagen in Pommern. Auch in Spantekow wurde eine Festung von seiner Familie erbaut, die nach der Schleifung heute nur noch einige Gewölbe und Kasematten besitzt.
Das Renaissanceschloß von Spantekow, auf unregelmäßigem Grundriß erbaut und von Gräben umgeben, ist eine voluminöse Anlage, die noch Reste des ehemaligen Glanzes erahnen läßt.

Müggenburg

östlich von Spantekow nahe der 197

Das SCHLOSS von Müggenburg war ursprünglich eine Wasserburg: Von ihr ist der runde mittelalterliche *Bergfried* erhalten, der schon 1355 erwähnt ist. Um 1890 wurde er durch eine aufwendige, romantisierend neugotische Schloßanlage ergänzt. Seit Anfang der 80er Jahre steht das Gebäude leer.

Friedland

an der 197 zwischen Neubrandenburg und Anklam

Die Stadt wurde 1244 von den Markgrafen Johann und Otto von Brandenburg auf ellipsenförmigem Grundriß mit gitterförmigem Straßennetz und großem Marktplatz gegründet. Da sie unmittelbar an der Grenze zu Pommern gelegen war, erhielt sie im Jahre 1304 von dem mecklenburgischen Fürsten Heinrich II. das Recht zum Bau einer massiven BEFESTIGUNG. Von ihr ist viel erhalten bzw. wieder restauriert worden: ein Großteil der Stadtmauer in horizontal geschichtetem Feldsteinmauerwerk mit Wiekhäusern und dreifachem Wall-Graben-System sowie zwei von ehemals drei Toren und ein Fangelturm. Er wurde zum Wasserturm umfunktioniert.
Eines der Wiekhäuser, die sogenannte *Fischerburg,* ist ein Backsteinbau mit Blendengiebel aus dem 15. Jahrhundert. Sehr monumental und massiv ist der *Anklamer Torturm,* erbaut 1320–1340 auf rechteckigem Grundriß mit massivem Feldsteinunterbau, seitlichen Rundtürmen mit Steinzeltdach und geschoßweiser maßvoller Blendengliederung mit Treppengiebelabschluß. Ein Vorbau verlängert ihn stadtseitig zu einer Art Vortor, geschmückt mit dem Wappen der Gründer, Otto und Johann, das von zwei Rittern präsentiert wird. Das Anklamer Tor ist eines der beeindruckendsten Beispiele mecklenburgischer Wehrbauten.
Gut 100 Jahre später entstand das *Neubrandenburger Tor,* einheitlicher und weniger hochragend mit vier Ecktürmen, Staffelgiebel und Blendengliederung auf quadratischem Grundriß.

In Friedland finden sich von der alten Befestigung noch zwei monumentale Stadttortürme. Oben das Anklamer Tor, eines der beeindruckendsten Beispiele mecklenburgischer Wehrbauten mit massivem Feldsteinunterbau und seitlichen Rundtürmen mit Zeltdächern aus dem Jahre 1320.
Unten ist das weniger hochragende Neubrandenburger Tor abgebildet, das 100 Jahre jünger ist.

Nach einem großen Stadtbrand im Jahre 1703 und den Zerstörungen von 1945 sind von den alten BÜRGERHÄUSERN nur noch wenige Reste erhalten. Mietshäuser und Plattenbauten bestimmen den Eindruck.

Die MARIENKIRCHE ist eine dreischiffige, einheitliche Backsteinhalle mit geradem Ostabschluß. Sie wurde bei dem Stadtbrand von 1703 schwer beschädigt, bis 1714 wiederhergestellt und, vor allem am neugotischen Ostgiebel, 1877 und 1889 erneut restauriert. Dominierend ist die massive Westfassade, die von einem Vorgängerbau stammt und einen querrechteckigen Unterbau in Feldstein mit stattlichem Portal besitzt. Darüber erhebt sich in Backstein die Doppelturmanlage, die sich nach zwei Geschossen zu einem Mittelturm verjüngt.

Der Innenraum ist von Kreuzrippengewölben abgeschlossen. Die Pfeiler steigen oktogonal und ohne Kapitelle zu den Arkaden auf.

In der südlichen Turmhalle befinden sich im Obergeschoß Reste von *Gewölbe- und Wandmalerei* des 15. Jahrhunderts. Aus der Folgezeit des Brandes von 1703, stammt fast die gesamte Ausstattung: der *Altaraufsatz* und die bemerkenswerte *Kanzel* von 1716, der *Garnweberchor* von 1724 mit Bemalung und die *Orgelempore* von 1725. Die zeitliche Ausnahme bildet die große *Granittaufe* aus dem 13. Jahrhundert.

Die NIKOLAIKIRCHE ist die ältere der beiden Stadtkirchen. Sie stammt ursprünglich aus der 2. Hälfte des 13. Jahrhunderts und ist ein frühgotischer, in Teilen romanischer Granitbau mit Veränderungen des 18. Jahrhunderts. 1945 brannte sie vollkommen aus; sie ist seitdem Ruine.

Das HEIMATMUSEUM wurde im ältesten Haus Friedlands, einem Fachwerkbau, untergebracht (Karl-Liebknecht-Str. 1, Tel. 03601/26779, Di–Fr 10–12 und 13–17.30 Uhr; So 14–17 Uhr). Es präsentiert vor- und frühgeschichtliche Funde aus der Umgebung, Stadt- und Regionalgeschichtliches sowie Arbeits- und Innungsgeräte in kleinen Ensembles. Darunter befindet sich eine Zigarrendreherwerkstatt.

An der Marienkirche von Friedland fällt der massive Westbau ins Auge, dabei besonders die Doppelturmanlage, die sich in einen Mittelturm verjüngt.

Eine breite Präsentation zur Entwicklung der Eisenbahn und vieles andere machen das Museum sehenswert.

Lübbersdorf

südöstlich von Friedland

Die DORFKIRCHE ist ein Feldsteinschichtbau aus der Mitte des 13. Jahrhunderts. Portal- und Fenstergewände sind aus Backstein gemauert. Überraschend sticht von dem monumentalen Unterbau der Fachwerkturmaufsatz mit Laterne und Helm von 1791 ab. Innen bestimmen hohe Kuppelgewölbe mit vorkragenden Backsteinrippen die Decken von Chor und Schiff. Beide besitzen einen eigenen Triumphbogen. Der spätgotische *Schnitzaltar* zeigt im Schrein neben Heiligenfiguren die seltene Darstellung einer Einhornjagd, in den Flügeln vier Szenen des Marienlebens. Die *Kreuzigungsgruppe* aus der gleichen Zeit stammt vermutlich vom Triumphbalken.

Woldegk

nordöstlich von Neustrelitz, südöstlich von Neubrandenburg an der 104 und 198

Von den einst sieben Windmühlen Woldegks sind noch fünf erhalten. In der 1883 erbauten *Holländermühle* (MÜHLENMUSEUM, Auf dem Mühlenberg; Tel. 03963/316; Di–Fr 10–12 und 13–16.30 Uhr; Sa und So 14–17 Uhr) können nicht nur die technischen Vorgänge mit Königswelle, Stirnrad etc. beobachtet werden, sondern es sind auch Informationen über andere Mühlen von abweichendem Typus, über Standorte, thermische Voraussetzungen etc. zu erhalten.

Strasburg

nordöstlich von Woldegk an der 104

Um 1250 wurde Strasburg an der Kreuzung der alten Handelsstraßen von Prenzlau nach Anklam und von Pasewalk nach Neubrandenburg mit rechtwinkligem Straßennetz und zentral gelegenem viereckigen Markt gegründet.

Auf einem Feldsteinbau erhebt sich bei der Dorfkirche von Lübbersdorf (oben) ein Fachwerkturm von 1791. Im Schrein des fein gegliederten, spätgotischen Schnitzaltars im Innern der Kirche (unten) ist eine Einhornjagd dargestellt, ein seltenes Motiv in der Sakralkunst.

Die Befestigung mit Feldsteinmauer, drei Toren und Wiekhäusern wurde im 19. Jahrhundert abgerissen. Das auf dem Markt freistehende Rathaus aus dem Jahre 1599, das 1715 erneuert worden war, fiel 1945 dem Krieg zum Opfer.
Die MARIENKIRCHE ist im dreischiffigen Hallenlanghaus ein spätgotischer Bau aus dem 15. Jahrhundert mit Sterngewölben. Sie besitzt einen rechteckigen älteren Chor, der sorgfältige Fenster- und Blendengliederung aufweist und einen Südwestturm aus frühgotischer Zeit, der Mitte des 19. Jahrhunderts einen Fachwerkaufsatz erhielt. Der geplante Nordwestturm wurde nicht ausgeführt. Die Ostgiebel von Chor und Langhaus zeigen reiche Gliederung.
Im Jahre 1865 wurde während einer Restaurierung die Ausstattung erneuert. Nach einer erneuten Restaurierung nach 1945 sind Teile dieser Ausstattung wieder beseitigt worden.

Pasewalk
östlich von Strasburg am Schnittpunkt der 104 und 109
Pasewalk ist mit Burg, Markt und Kirche bereits 1188 erwähnt. Der Ort wurde mit rechtwinkligem Straßenkreuz und vier Hauptstraßen auf ellipsenförmigem Grundriß angelegt und erhielt um 1250 magdeburgisches Stadtrecht. Eine 2.480 Meter lange Mauer mit Wiekhäusern und mehreren Toren umgab die Stadt, die Mitglied der Hanse wurde und zu Wohlstand gelangte. Bis 1354 gehörte sie zu Brandenburg, danach zu Pommern. Im Dreißigjährigen Krieg wurde das Rathaus zerstört, 1945 fielen der barocke Nachfolgebau aus dem Jahre 1727 und weite Teile der Altstadt der Vernichtung anheim. Es erfolgte jedoch ein weiträumiger Wiederaufbau.
Von der BEFESTIGUNG haben sich das *Mühlentor* und das *Prenzlauer Tor* aus der Mitte des 15. Jahrhunderts erhalten. Beide sind mit Blenden geschmückt. Das Mühlentor besitzt einen achteckigen Aufsatz mit gemauertem Helm, das Prenzlauer Tor ein Walmdach. Der runde *Pulverturm* hat einen achteckigen Helm und der zylindrische *Kiek in de Mark* einen Turm auf quadratischem Sockel. Beide sind zinnen-

Das Prenzlauer Tor in Pasewalk stammt aus dem 15. Jahrhundert und ist eines von zwei übriggebliebenen Befestigungstoren nach der weitgehenden Zerstörung des Jahres 1945.

bekrönt und aus Backstein gemauert und stehen noch in Resten der Stadtmauer.

Aus dem 14. Jahrhundert stammt die MARIENKIRCHE, eine dreischiffige Backsteinhalle von ausgewogenen Verhältnissen mit Kreuzrippengewölben und Kapellenkranz als Ostschluß. Er verleiht dem Umriß eine eigenartige Brechung und stammt vermutlich von lübisch-mecklenburgischen Vorbildern. Der Westturm blieb von einem Vorgängerbau aus dem 13. Jahrhundert bestehen. Er erhielt gleichzeitig mit dem Langhaus ein feingegliedertes Blendengeschoß. Dem reich geschmückten Nordportal wurde im 15. Jahrhundert eine Achteckkapelle mit Sterngewölbe vorgeblendet, die ein schönes Portal mit glasierten Ziegeln erhielt. Die Pfeiler besitzen Laubwerkkapitelle.

Die Ausstattung stammt großenteils aus der Mitte des 19. Jahrhunderts, als Friedrich August Stüler die Kirche verändernd restaurierte und umbaute.

Die NIKOLAIKIRCHE war ehemals ein rechteckiger, flachgedeckter Feldsteinbau aus dem 13. Jahrhundert mit quadratischem Turm. Im 16. Jahrhundert baute man sie zu einer dreischiffigen Halle um und versah sie mit Stern- und Kreuzrippengewölben. Nördlich und südlich sind dem Schiff jeweils quadratische, sterngewölbte Seitenkapellen angegliedert.

Der Innenausbau erfolgte in seiner heutigen Gestalt während einer Restaurierung im Jahre 1824. Gleichzeitig wurden die Fensteröffnungen mit eisernem Maßwerk versehen.

Das ehemalige HOSPITAL ST. SPIRITUS entstand im 16. Jahrhundert als zweigeschossiger Backsteinbau mit schönem Giebel an der Südseite. Heute wird es als Altenheim genutzt.

Löwitz

nördlich des Landgrabens zwischen Friedland und Ueckermünde, zwischen 197 und 109

Das HERRENHAUS von Löwitz ist ein hochaufragender, zweigeschossiger Rechteckbau von zehn Achsen mit anmutigen Dachreitern und ausgeprägten Renaissancegiebeln.

Dem Schiff der Marienkirche in Pasewalk ist heute ein häßlicher Turmaufsatz vorgeblendet. Der abgebildete Turm vor dem Chor ist ein Treppenturm, der sich in gleicher Form an Nord- wie Südseite findet.

Ueckermünde

an der Uecker, kurz vor der Einmündung in das Oderhaff, östlich der 109

Ursprünglich wird der Ort eine Dienstsiedlung der Burg gewesen sein. Das castrum Uckermund wurde erstmalig 1284 genannt. Der Ort bekam bereits im Jahre 1260 lübisches Stadtrecht, wurde im 13. Jahrhundert befestigt und bei einem Brand von 1473 und später im Dreißigjährigen Krieg fast völlig zerstört. In den Jahren 1686 und 1781 wurde neu auf- bzw. ausgebaut. Im 18. und 19. Jahrhundert hatte der kleine Hafen Bedeutung für die Segelschiffahrt und als Werftstandort. Heute gruppiert sich die Stadt um die Durchgangsstraße mit einem zentral gelegenen Markt und gitterförmigem Straßennetz.

Die MARIENKIRCHE war ein spätgotischer Bau, der 1766 in barockem Stil neu errichtet und geweiht wurde. Er besitzt einen Saal mit Emporen und flacher Decke. Der neugotische Turm kam 1863 hinzu. Bemerkenswert ist der *Kanzelaltar* von 1775 in reichen Rokokoformen, an dessen Rückwand sich Säulen und Figuren der Evangelisten finden.

Anstelle der Burg des Mittelalters ließ der pommersche Herzog Philipp I. im Jahre 1546 ein RENAISSANCE-SCHLOSS errichten, dessen dreigeschossige, vierflügelige Anlage nach wechselvoller Geschichte im Dreißigjährigen und im Nordischen Krieg 1720 bis auf den Südflügel und den Bergfried auf seinem mittelalterlichen Feldstein-Fundament abgebrochen wurde. Nach einem Brand im Jahre 1908 blieb der Südflügel als zweigeschossiger Putzbau von sieben Fensterachsen erhalten, dessen Hofseite im Obergeschoß mit Kleeblattformen über den Fenstern aufwendig gegliedert ist und der im Erdgeschoß Netzgewölbe besitzt. Am Westende befindet sich ein quadratischer Turm mit Wendeltreppe, der ebenfalls aufwendige Fenstergliederung zeigt. Über seinem Portal mit Stabwerkeinfassung ist eine *Steintafel* mit dem Bildnis des Bauherrn und der Datierung 1546 von Hans Schenk, genannt Scheußlich, angebracht. Neben dem Treppenturm befindet

Der Kirchturm (unten), 1866 in neugotischer Form errichtet, steht in auffälligem Kontrast zu dem barocken Kirchengebäude.

Das Gemälde, das auf der rechten Seite der Empore der Ueckermünder Marienkirche (oben) zu sehen ist, zeigt Luther und Calvin, sich unter dem Kreuz die Hände gebend. Die Darstellung bezieht sich auf den Zusammenschluß der lutherischen und reformierten Bekenntnisse. In Wirklichkeit haben sich die beiden Kirchenmänner niemals die Hände gereicht.

sich der monumentale Bergfried, der 1908 eine barockisierende Haube erhielt. Die letzte Renovierung erfolgte 1982. Heute sind die Stadtbibliothek und das Haffmuseum im Schloß untergebracht.
Das HAFFMUSEUM (Am Rathaus 3, Tel. 03 97 71 / 5 01; die Öffnungszeiten sind schwer zu durchschauen: Mai–Sept., Di–Fr 9–12, 12.30–17 Uhr; Sa, So 10–12, 13–17 Uhr; Okt.–April, Di 10–17 Uhr, Mi, Do 10–16 Uhr, Fr 10–15 Uhr) beherbergt ein liebenswürdiges Sammelsurium, das alles bietet: Geschichtliches zur Stadtentwicklung, Dokumente und Exponate zu Schiffahrt, Schiffbau und Küstenfischfang, Bürgergeschichte, Entwicklung von Handwerk und Industrie (Ziegelei, Gießerei), daneben Haushaltsgeräte, Exponate zur Vor- und Frühgeschichte, Maritimes und nautische Antiquitäten dekorativ arrangiert – und nicht zuletzt einen Ausblick vom Turm über die Stadt bis zum Oderhaff.
Ein figurales Mahnmal an die Opfer der Euthanasie im Dritten Reich steht seit Oktober 1991 auf dem Gelände der Psychiatrie. Es soll an die vergessenen Opfer dieses Schreckensregimes erinnern und zugleich ein Zeichen gegen rechtsextreme Gewalttätigkeiten setzen.

Vogelsang

östlich von Ueckermünde, nahe dem Oderhaff

ALTE SCHMIEDE, Galerie, Tel. 03 97 73 / 3 81

Leopoldshagen

nordwestlich von Ueckermünde, südöstlich von Anklam

Die DORFKIRCHE ist ein Fachwerkbau aus der Mitte des 18. Jahrhunderts, weiß verputzt mit schwarzgetöntem Fachwerk und Dachreiter. Das 1991 fertigrestaurierte Innere ist ebenso schlicht wie einnehmend: Dem blauen *Gestühl* entspricht der festliche barocke *Kanzelaltar* mit geschnitzten Blumen, Troddeln und dem Preußenwappen: eine Erinnerung an Friedrich II., der die Kirche 1753–1755 errichten ließ.

Das Ueckermünder Schloß entstand in verschiedenen Bauzeiten zwischen der Renaissance und dem 18. Jahrhundert. An den Treppenturm mit seinem Schrägfenster und dem Relief grenzt der alte Bergfried, der im Jahre 1908 eine barockisierende Haube erhielt. Hierin sind die Bibliothek und das Haffmuseum untergebracht.

Auerose

Ortsteil Neu Kosenow, an der 109 südlich von Anklam

SCHLOSS AUEROSE ließ sich Wilhelm von Borcken 1848–1849 bauen. Er war neben den Grafen von Schwerin einer der reichsten Großgrundbesitzer im Anklamer Kreis. Das Schloß ist ein quadratischer Putzbau von zwei Geschossen über einem hohen Souterrain. Mittelrisalit und Giebel mit Ochsenauge über dem Doppelportal des Südflügels zeigen aufwendige neobarocke Dekoration. An der Nordostecke steht ein Turm mit schadhafter Haube.

Im Innern befindet sich eine zweigeschossige *Halle* mit Parkettboden, Holztäfelung, Kamin, Balustrade und Oberlicht. Das heutige neubarocke Äußere wurde erst im Jahre 1902 an dem damals noch neugotischen Bau ausgeführt. Das Ziegeldach stammt von 1988–1989; die Fassaden sind in sehr schadhaftem Zustand, doch wird das Schloß noch bewohnt.

Anklam

an der Peene und Kreuzung der Straßen 109, 110, 197

Anklam ist 1243 erstmalig genannt und liegt wie viele Kolonisationsstädte an einem Flußübergang, in diesem Fall der Peene, die damals noch schiffbar war. Die Stadt besitzt das typische gitterförmige Straßennetz mit Marktplatz (und Rathaus, das 1842 abgebrochen wurde). Im Jahre 1264 erhielt sie vermutlich Stadtrecht und wurde 1283 Mitglied der Hanse. Binnen- und Fernhandel führten zu Wohlstand.

Von der mittelalterlichen STADTBEFESTIGUNG existieren noch ein Teil der *Mauer* und das um 1450 errichtete monumentale, sehr hohe *Steintor* mit Staffelgiebel und relativ sparsamer Blendengliederung. Außerdem gibt es noch einen *Pulverturm* und den außerhalb der Stadt an der Straße nach Pasewalk stehenden runden, zinnenbekrönten Wartturm von 1458, genannt *Hoher Stein.* Dieser besitzt einen gemauerten Sechseckhelm, ein Rest der ehemaligen Landwehr.

Viele von den spätgotischen BÜRGERHÄUSERN wurden im

Monumental und hoch aufstrebend präsentiert sich das Steintor in Anklam mit Staffelgiebel und lebhafter Blendengliederung.

Zweiten Weltkrieg vernichtet. Das heutige Erscheinungsbild der Stadt wird von verfallener alter Bausubstanz und Wohnkasernen bestimmt.

Die MARIENKIRCHE ist ein interessanter, monumentaler Bau: Seit der zweiten Hälfte des 13. Jahrhunderts wurde er in mehreren Etappen als dreischiffige Backsteinhalle mit dreiseitig geschlossenem Chor und Chorumgang unter Einbeziehung frühgotischer Vorläuferelemente erbaut. Von zwei geplanten Türmen wurde der nördliche im Jahre 1450 mit reicher Blendengliederung in den drei Obergeschossen ausgeführt. Anstelle des anderen Turms wurde 1488 die Marienkapelle als querliegender Vorbau mit Sterngewölbe vollendet. Die ornamentale *Malerei* an den 14 Achteckpfeilern und die figürliche an den Arkadenbögen ist mittelalterlich. Diese stellt symbolhaft die Monate und einige Heiligenfiguren dar und wurde 1936 aufgedeckt und restauriert.

In den Nebenkapellen des Seitenschiffs sind mehrere barocke *Familienlogen* mit reichem Schnitzwerk eingebaut; die schönste stammt von 1755.

Die Ausstattung ist hervorragend: Zu ihr zählt eine frühgotische *Kalksteintaufe;* in der Marienkapelle steht eine spätgotische Marienfigur mit dem Kind, das eine Weltkugel hält. Sie stammt vom Hauptaltar. Eine *Madonna im Schrein* befindet sich an der Chorwand.

Der *Altar* ist zusammengefügt aus den gemalten Altarflügeln des ehemaligen Hauptaltars der zerstörten Nikolaikirche mit Szenen des Marienlebens und einem spätgotischen Kruzifix. Reste des *Chorgestühls* aus dem 15. Jahrhundert stammen ebenfalls aus der Nikolaikirche. Mehrere *Altargemälde* vom Anfang des 16. Jahrhunderts sowie *Epitaphien,* darunter das von Philipp Brandin 1585 geschaffene, sind zu besichtigen. Es zeigt ein Relief des Verstorbenen in Ritterrüstung, der vor dem Gekreuzigten kniet.

Die Kirche zeigt bedenkliche Wasserschäden in Gewölben und an Gemälden. Um die bedeutende Ausstattung zu erhalten, ist eine baldige Restaurierung erforderlich.

Ähnlich monumental wie das Steintor ragt der Turm der Marienkirche, der 1450 in dreigeschossigem Aufbau mit reichem Blendenschmuck errichtet wurde, in den Himmel.

Die NIKOLAIKIRCHE ist eine dreischiffige Hallenkirche aus der zweiten Hälfte des 14. Jahrhunderts in graugelbem Backstein mit eingebautem Westturm, der in den Obergeschossen reiche Blendengliederung aufweist. Kräftige Strebepfeiler stützen das Bauwerk außen ab. Die Kirche brannte 1945 aus, ihre Gewölbe stürzten ein. An den Pfeilern und Schildbögen haben sich Reste von *Wandmalerei* erhalten. Teile der Ausstattung befinden sich heute in der Marienkirche. Der Turm wurde bis 1967 gesichert.

Das LILIENTHALMUSEUM (Ellenbogenstraße 1a, Tel. 0 39 71 / 55 00; Di–Fr 9–16 Uhr, So 14–17 Uhr, Juni–Sept., zusätzlich Sa 14–17 Uhr) ist unbedingt empfehlenswert. Es ist in einer hübsch ausgestatteten und hergerichteten alten Villa untergebracht und aufwendig ausgerüstet mit Lesecafé, Videogerät, Modellen, Experimentier- und Studienmöglichkeiten. Das Museum wurde im Jahre 1991 der Öffentlichkeit übergeben.

1848 wurde Otto Lilienthal in Anklam als Sohn eines Tuchhändlers geboren. Er war Luftfahrtpionier, der sich am Vogelflug orientierte und Gleitversuche mit über 15 selbstkonstruierten Flugapparaten unternahm, bis er im Jahre 1896 bei einem dieser Versuche ums Leben kam. Sein Traum vom Fliegen erfuhr in DDR-Zeiten in zahlreichen Künstlerarbeiten, Gemälden und Plastiken zum Ikaros-Mythos eine existentielle und politische Aktualisierung, die zu den Eigenentwicklungen des Sozialismus gehört.

Im HEIMATMUSEUM, seit 1989 im Steintor (Schulstraße 1, Tel. 0 39 71 / 55 03, Di–Fr 9–16 Uhr, Sa, So 14–17 Uhr), sind Dokumente zur Ur- und Frühgeschichte, zur Stadt- und Zunftgeschichte zu sehen. Gezeigt werden Dokumente zu den Ergebnissen der Stadtkernforschung in den 50er Jahren, wie Richtwerkzeuge, Keramik, Holz- und Knochengeräte des 13.–16. Jahrhunderts. Exponate zur Schiffahrt und zu bedeutenden Persönlichkeiten der Stadt ergänzen die Sammlung. Die Ausstellung wird sorgfältig präsentiert und ist liebevoll den Raumverhältnissen des hohen Turms angepaßt.

Die Ruine der Anklamer Nikolaikirche. Das Gotteshaus, das im 14. Jahrhundert in gotischen Bauformen entstand, ist 1945 ausgebrannt.

Karlsburg

an der 109, südlich der Kreuzung von 109 und 111

Das SCHLOSS ist eines der bedeutendsten Barockschlösser in Pommern: eine neunachsige Dreiflügelanlage, die 1732 für Carl Heinrich Berend von Bohlen begonnen, aber nicht vollendet wurde. Nur der linke Flügel wurde ausgeführt und durch eine niedrige Galerie an den Hauptbau angeschlossen. Dieser ist mit vorspringenden und konkav zurückschwingenden Eckrisaliten versehen. Der dreigeschossige Mittelrisalit trägt einen Dreieckgiebel. Vor dem Portal befindet sich ein schönes Rokokogitter. Alle Gebäude haben Mansarddächer. Den Gartensaal schmückt noch der vollständige *Stuckdekor* im Regencestil: an den Wänden plastische Rocaillen, darüber Vasenreliefs. Einige barocke Bildnisse sind zu sehen, und im sogenannten Jagdzimmer gibt es eine spätklassizistische *Wand- und Deckenbemalung.*

Der MARSTALL, ein ebenfalls barockes, zweigeschossiges Gebäude mit Mittelrisalit und Giebel, liegt nordöstlich vom Schloß.

Vor dem Schloß ist ein kleiner BAROCKGARTEN angelegt, vor dem das schöne alte Rokokogitter des ehemaligen Schloßzugangs aufgestellt ist. Ein englisch-französischer Landschaftspark schließt sich an. Das Schloß wird als Diabetiker-Sanatorium genutzt und ist von Institutsgebäuden umgeben.

Bömitz

östlich der 109, südöstlich von Karlsburg

Das SCHLÖSSCHEN von Bömitz besitzt eine interessante, in Mecklenburg-Vorpommern seltene Anlage. Das zentral gelegene Gutshaus ist im Kern barock, eingeschossig mit ausgebautem Fachwerkgeschoß im Dach und einem massiven Portalvorbau mit Altan, Giebel und vier Säulen. Die flankierenden Fachwerkflügel sind zweigeschossig und in stumpfem Winkel angefügt, so daß sich ein Rondell ergibt, auf dem beschnittene Bäume stehen.

Ganz anders präsentiert sich die Nordseite des Schlößchens:

Schloß Karlsburg ist eines der bedeutendsten Barockschlösser in Pommern. Die Portalseite ist mit vorschwingenden Eckrisaliten versehen, die hier sichtbare Gartenseite grenzt an einen schönen Landschaftspark. Innen sind Stuckdekor und Gemälde zu besichtigen.

Sie gleicht mit tief herabgezogenem Dach eher einem Bauernhaus. Seit 1987 steht die Anlage leer. Sie ist vom Verfall bedroht, der nördlich und östlich vom Gutshaus sich erstrekkende Park ist verwahrlost.

Quilow

nördlich der Peene zwischen Gützkow und Anklam, zwischen der 110 und 111

SCHLOSS QUILOW ist ein zweigeschossiger Renaissance-Putzbau aus der zweiten Hälfte des 16. Jahrhunderts. Ehemals wurde es durch einen umlaufenden Wassergraben gesichert. Im Jahre 1967 wurde das Gebäude restauriert. Ein quadratischer Treppenturm mit auffällig geschweifter Haube steht an der Hoffront, Zwerchhäuser und Seitengiebel sind mit Voluten des frühen 17. Jahrhunderts versehen. Das Erdgeschoß besitzt innen ein schweres Tonnengewölbe. ~~Das Schloß ist heute mit Wohnungen belegt.~~

Lassan

nordöstlich von Anklam, südöstlich von Wolgast am Peene-Strom

Lassan ist eine Stadtgründung des 13. Jahrhunderts und besitzt noch einen Teil der mittelalterlichen STADTMAUER. Auch der quadratische Chor der STADTKIRCHE ST. JOHANNES stammt aus dem 13. Jahrhundert, das Hallenlanghaus und der Westturm wurden in spätgotischer Zeit errichtet. Die *Kanzel* und der *Altaraufsatz* sind barock und 1727 von Elias Keßler geschaffen. Vor dem Aufbau stehen die kräftig bewegten Figuren der vier Evangelisten.

Verwunschen zwischen Bäumen liegt das Schlößchen von Bömitz, ein barokkes Herrenhaus, das einen Altan über dem Säulenvorbau besitzt und von Fachwerkflügeln flankiert ist (oben).

Aus der Renaissancezeit stammt das Schloß in Quilow, ein ehemaliges Wasserschloß. Der Treppenturm mit geschweifter Haube stört die Einheitlichkeit der Hoffront. Leider läßt der Erhaltungszustand zu wünschen übrig.

Die Insel Usedom und Wolgast

Usedom

auf Usedom an der 110

In der Geschichte der Christianisierung spielt der Ort eine wichtige Rolle, denn 1128 kamen in der Slawenburg Uznam die wendischen Adligen mit Bischof Otto von Bamberg, dem später heiliggesprochenen Missionar Pommerns, zusammen. Sie entschieden sich für die Annahme des Christentums, um an angestammter Macht zu retten, was zu retten war. Zur Sicherung wurde ein Prämonstratenserkloster gegründet, dessen Mönche bis zur Säkularisierung einen Großteil der Insel in ihren Besitz brachten.

Die Stadt wurde im 12. Jahrhundert neben der Burg angelegt und besitzt seit 1298 Stadtrecht. Ursprünglich handelte es sich um eine halbkreisförmige Siedlung um einen rechteckigen Markt. Von der BEFESTIGUNG mit Mauer und drei Toren ist allein der *Anklamer Torturm* von 1450 erhalten, ein breiter, dreigeschossiger Backsteinbau mit feldseitig zahlreichen Blenden, Fallgatternische und Walmdach. Früher diente er als Gefängnis, heute ist er Museum.

Die MARIENKIRCHE, eine ehemals dreischiffige Halle mit polygonalem Chorschluß und Westturm, wurde Ende des 19. Jahrhunderts stark erneuert. Sie besitzt heute eine gerade Holzdecke, schlichte Arkaden, Backsteinfenster und -pilaster an der Außenwand.

Von der Ausstattung sind die geschnitzten *Altarschranken* von 1745 und die *Grabplatte* des Bürgermeisters O. Volcmar von 1694 erwähnenswert.

Das RATHAUS ist im 18. Jahrhundert in klassizistischem Stil errichtet worden. Einige hübsche FACHWERKHÄUSER in der Innenstadt prägen das Gesicht des beschaulichen Städtchens.

Spandower-
hgn.
Peenemünde
S.118
Karlshagen
Usedom
Oderbucht
Swinoujście - Travemünde
Groß Ernsthof
Zinnowitz
S.114
Wolgast
S.120
111
Lüttenort
S.118
Krummin
Koserow
Pritzier
Lühmanns-
dorf
Hohendf.
Lutow
Ückeritz
Peene-
strom
Achterwasser
Buddenhagen
Wehrland
Warthe
Pudagla
S.118
111
Bansin S.114
Heringsdorf
S.114
Karlsburg
Zemnitz
Dewichow
Benz S.112
Bömitz
Lassan
Rankwitz
Ahlbeck
S.112
Klein
Bünzow
Rubkow
Mellenthin S.110
Buggenhgn.
Sükow
Swinoujście
109
Murchin
110
Kachlin
Groß
Polzin
Ziethen
Usedom S.108
Zirchow
Stolpe
Anklam
Kleines Haff
Görke
Karnin
Welzin
Oderhaff
Auerose
Rosenhagen
Müggenbg.
Neu
Kosenow
Bugewitz
197
Leopoldshagen
Rossin
Sarnow
Ueckermünde
Putzar
Löwitz S.92
Lübs
Vogelsang

Die HEIMATSTUBE, das örtliche Museum, ist im Anklamer Tor untergebracht (Tel. 03 83 72 / 2 26, Öffnung nach Anmeldung). Fischerei und Landwirtschaft im 18.–20. Jahrhundert sowie Insel- und Stadtgeschichte sind die Themen der Präsentation.

Mellenthin

nordöstlich von Usedom, nördlich der 110 auf Usedom

Der quadratische Feldsteinchor der DORFKIRCHE entstand bereits im Jahre 1330. Das Backsteinschiff, der Westturm und reiche Blendengiebel im Osten stammen aus spätgotischer Zeit. Außen stützen Strebepfeiler das Langhaus, und das Westportal ist in eine kleeblattförmige Nische eingepaßt. Das Schiff besitzt eine hölzerne Tonne, während der Chor kreuzgewölbt ist.

Bei einer Restaurierung wurden 1930 Reste von *Gewölbemalerei* des 15. Jahrhunderts freigelegt. Die Ausstattung erweist sich als vielseitig und schön, ist allerdings durch fehlende Heizung und mangelnde Renovierung sehr schadhaft. Es gibt viel zu entdecken: einen kleinen *Altaraufsatz* und eine wurmstichige *Kanzel* aus dem 17. Jahrhundert, ornamental bemaltes *Gestühl,* einen *Beichtstuhl* und *allegorische Bilder* von 1755 an der barocken *Empore,* die reiche Schnitzereien aufweist. Ein großes hölzernes *Kruzifix* stammt aus spätgotischer Zeit, eine *Pietà* und eine *Christusfigur* aus dem 15. Jahrhundert. Schließlich wird die Ausstattung durch zwei große *Tafelbilder* mit einem Jüngsten Gericht und einer Kreuzigung vom Ende des 17. Jahrhunderts komplettiert. Außerdem ist der *Grabstein* des Rüdiger von Neuenkirchen und seiner Frau mit lebensgroßen, bemalten Figuren zu sehen, der 1594 entstand.

Ein alter Ziegelboden und der verwilderte *Friedhof* mit überwucherten Adelsbegräbnissen vervollständigen die Idylle.

Sehr unansehnlich wirkt die Fassade des alten WASSERSCHLOSSES MELLENTHIN, das 1575–1580 im Renaissancestil für Rüdiger von Nienkerken erbaut wurde. Es ist ein schlich-

Das schöne Anklamer Tor führt in den Ort Usedom. Im Hintergrund wird der Turm der Marienkirche sichtbar, die im 19. Jahrhundert stark erneuert wurde.

ter, aber monumentaler Bau von zwei Geschossen, der an der Hofseite ein vorgebautes Treppenhaus und zwei dreigeschossige Erker besitzt. Niedrige Seitengebäude, in denen sich früher die Schloßkapelle, Marstall, Fremdenzimmer und ein 100 qm großer Saal befanden, flankieren das Schloß. Die Innenräume sind gewölbt und von toskanischen Säulen getragen. Im Erdgeschoß befindet sich ein humorig-buntbemalter *Kamin* mit reichem Stuckrelief aus dem Jahre 1613, das die Wagenfahrt eines Ritters vor einer Stadtkulisse darstellt (eine Erzählweise sieht darin einen Teufel, der den Schloßherrn entführt). Der Kamin wurde 1961 restauriert. In einem Raum unter der Treppe ist die Wand mit einem *Ritter samt Schloßdame* bemalt. Das Schloß selbst wurde zuletzt vor der Jahrhundertwende renoviert. ~~Es ist in Wohnungen und einen Kindergarten aufgeteilt~~, seine Zukunft als Gemeindebesitz ist ungesichert. Ein 20 Meter breiter Wassergraben umgibt das Gebäude. Der Park ist durch Wäschepfähle und Holzschuppen verstellt.

Benz

nordöstlich von Mellenthin

Die PETRIKIRCHE ist weniger wegen ihres bemerkenswerten Tonnengewölbes, sondern wegen der sommerlichen Kulturveranstaltungen empfehlenswert. Gespräche, Konzerte, Lesungen und Liederabende machten den Ort unter Insidern seit Jahren landesweit bekannt.

Die HOLLÄNDERMÜHLE auf dem nahegelegenen Mühlenberg wurde von Otto Niemeyer-Holstein gerettet, der sie Anfang der 50er Jahre kaufte und renovieren ließ. Heute arbeitet die Bildhauerin Sabine Teubner hier und stellt ihre Plastiken aus.

Ahlbeck, Heringsdorf, Bansin, Zinnowitz

an der Ostküste von Usedom an der 111

Die Insel Usedom ist nach Rügen die zweitgrößte deutsche Insel. Wer heute hierherkommt, wird die bekannten und

Der Maler Otto Niemeyer-Holstein rettete diese alte Holländermühle auf dem Mühlenberg bei Benz. Hier arbeitet heute die Bildhauerin Sabine Teubner.

Eine kleine, verborgene Kostbarkeit ist die Dorfkirche von Mellenthin mit ihrer vielseitigen und reichen Barockausstattung. Oben eine Szene von der Emporenbrüstung: Zwei Engel schmieden ein Herz.

beliebten Bäder an der Ostküste aufsuchen wollen. Im größten und belebtesten Ort, AHLBECK, ist der schloßartige *Holzpavillon* auf der Seebrücke (mit Restaurant) das bekannteste architektonische Relikt aus der Kaiserzeit.

HERINGSDORF, das eleganteste und älteste Seebad, wurde seit 1825 gebaut. Es besitzt noch viele Zeugnisse der Bäderkultur der 20er Jahre, als es exklusiver Badeort für das elegante Berlin war. In der ehemaligen *Villa Irmgard* wird eine Gedenkstätte für Maxim Gorki eingerichtet (Maxim-Gorki-Str. 20, Tel. 038378/361, Mo–Fr 9–12 und 14–17 Uhr). Der Dichter wohnte im Jahre 1922 während einer Kur in den Räumen diese Hauses, die mit unveränderter Einrichtung (das arabische Zimmer), Dokumenten und Arbeiten seit 1948 zum Museum gemacht wurden. Das Haus wird zum Bädermuseum und „Gästebuch" des Orts ausgebaut.

BANSIN komplettiert als jüngstes (gegründet 1897) das Trio der Bäderkette mit schönem Sandstrand und heilsamer Luft. Hier haben sich viele *Jahrhundertwendevillen* im bekannten Bäderstil (einer kaiserzeitlichen Mischung verschiedener Stilelemente mit Zinnen, Türmchen, Veranden, Holzanbauten, Erkern, Pilastern, Balustraden), meist sehr verblichen, erhalten. Sie sind jedoch in besserem Zustand als in den vergleichbaren Orten auf Rügen. Daß daneben ein reicher Bestand an Neubauten der Nachkriegszeit existiert, spricht für die Beliebtheit der Insel auch zu DDR-Zeiten. Die Seebäder waren touristisches Ballungszentrum, Bansin besaß Ferienheime des Ministeriums für Staatssicherheit, in den anderen Bädern gab es Erholungsstätten von Betrieben und Organisationen. Bansin kann eine *Rolf-Werner-Gedächtnisstätte* aufweisen (Seestr. 60; Tel. 038378/9228; Besuch nach Vereinbarung). Der Maler und Grafiker Rolf Werner aus Leipzig lebte von 1956 bis zu seinem Tod im Jahre 1989 in Bansin. Er malte Landschafts-, Zirkus- , Rummelplatzbilder und Pferdemärkte in naiver Manier. Im *Kunstpavillon* von Heringsdorf veranstaltet der Usedomer Kunstverein regelmäßig Ausstellungen.

In Bansin, Ahlbeck und Heringsdorf auf Usedom hat sich viel Bausubstanz der Jahrhundertwende im sogenannten Bäderstil erhalten, einer phantasievollen, meist etwas pompösen Mischung vieler Baustile und Elemente. Hier die Bergstraße in Bansin. Häuser, die die DDR-Zeit überstanden haben, sind mittlerweile meist renoviert und wieder in alter Funktion genutzt: als luxuriöse und exklusive Bäderherbergen.

Das meistfotografierte Objekt von Usedom ist die Seebrücke von Ahlbeck mit ihrem pittoresken hölzernen Pavillon, in dem sich ein Restaurant befindet.

Pudagla

nordöstlich von Mellenthin zwischen Achterwasser und Schmollensee auf Usedom

Das unansehnliche, sehr schlichte SCHLOSS von Pudagla, das beim ersten Blick einer Mietskaserne gleicht, wurde in der Renaissancezeit, um 1574, auf den Fundamenten des Prämonstratenserklosters Grobe als Witwensitz für Maria von Sachsen, die Mutter von Herzog Ernst Ludwig, errichtet. An der Straßenseite ist eine *Steintafel* angebracht, auf der zwei Wilde Männer das Pommersche Landeswappen mit einer Erinnerungsinschrift und Datum präsentieren. Auf der Hofseite steht noch der Rest des ehemaligen Treppenturms. Er ist mit einem schlichten Dach gedeckt; noch 1840 überragte er das Schloßdach. An das KLOSTER erinnern ein *Wirtschaftsgebäude* des 14. Jahrhunderts und Teile der *Ringmauer.*

Lüttenort

zwischen Koserow und Zinnowitz bei der Ortschaft Zempin auf Usedom

Eine Rarität auf Usedom ist das ANWESEN DES MALERS OTTO NIEMEYER-HOLSTEIN (1896–1984), (Tel. 03 83 75 / 2 13; Di, Mi, Do: 10, 11, 14, 15 Uhr Führungen), landschaftlich idyllisch in zwei schmalen einstöckigen Häuschen mit einem verbindenden Wintergarten angesiedelt. Das in 50 Jahren geschaffene Gesamtkunstwerk mit verschiedenen Gärten, Skulpturenorten und gestalteter Natur ist heute Museum. Das Haus mit schöner Antiquitätensammlung, das unveränderte Atelier mit einigen Arbeiten und die vielseitige Umgebung atmen noch immer den Geist ihres Schöpfers. Hier wird auch eine umfangreiche Schenkung des Malers an Gemälden, Aquarellen, Zeichnungen und Grafiken aufbewahrt.

Peenemünde

Letzter Ort im Nordwesten von Usedom am Spandowerhagener Wiek

In der NS-Zeit war hier eine sogenannte HEERESVERSUCHS-

In Lüttenort lebte der Maler Otto Niemeyer-Holstein (1896–1984). Er gestaltete seine beiden Häuschen und den Garten zu einem originellen Ensemble, das eine Art Gesamtkunstwerk darstellt. Oben die Kopie einer römischen Plastik im südlichen Garten.

ANSTALT eingerichtet, ein Entwicklungs- und Erprobungsort für V1- und V2-Raketen, der vom südöstlichen Teil der Insel abgeriegelt war. Die Arbeiten wurden von Strafgefangenen verrichtet. Weite Teile der Landschaft waren vermint und gegen Ende des Krieges heftigen Luftangriffen ausgesetzt. In der bis zur Wende militärisch genutzten Zone sind noch Reste der Anlagen zu besichtigen.

Wolgast

an der 111 am Peene-Strom

Wolgast wurde am Ende des 12. Jahrhunderts an der Stelle einer slawischen Burg (Zerstörung des Gerowit-Tempels 1128 durch Otto von Bamberg) und eines Marktfleckens als Stadt mit drei Stadttoren, von denen keines erhalten ist, gegründet. Schon 1282 erhielt es Stadtrecht, war als Hafenstadt einige Zeit Mitglied der Hanse und Residenz der pommerschen Herzöge.

Von dem prächtigen RENAISSANCESCHLOSS, einer Vierflügelanlage von 1560, die einst eine der schönsten ihrer Art in Norddeutschland gewesen war, ist nichts geblieben.

Von 1648 bis 1815 war Wolgast schwedisch und profitierte in Handel und Gewerbe von den günstigen Zöllen. 1713, im Nordischen Krieg, wurde die Stadt von den Soldaten des Zaren Peter I. völlig niedergebrannt.

Das Rathaus erhielt bei seiner Wiederherstellung in den Jahren 1718–1724 eine Barockfassade. Es ist ein zweigeschossiger Bau mit geschweiftem Giebel und Laterne. An der Rückseite zeigt der Giebel Reste der spätgotischen Erstanlage.

BÜRGERHÄUSER des 17., 18. und 19. Jahrhunderts mit schönen alten Türen gehören zum Altbaubestand, darunter auch der wuchtige *Fachwerkspeicher* an der Peene, einer der ältesten und größten Getreidespeicher an der Ostseeküste. Heute ist die Stadt der wichtigste Übergangsort zur Insel Usedom.

Die PFARRKIRCHE ST. PETRI wurde 1370 als mächtige dreischiffige Backsteinbasilika ohne Querschiff mit Umgangs-

Vom Turm der Petrikirche in Wolgast bietet sich ein weiter Blick über Wolgast und den Peenestrom. Im Zentrum das hübsche Rathaus, das 1718 eine Barockfassade erhielt.

Unten der moderne Brunnen vor dem alten Rathaus, dessen Bronzereliefs die Geschichte der Stadt Wolgast anschaulich machen.

chor unter Verwendung älterer Teile begonnen. Die Seitenschiffe sind bis zur Turmfassade vorgezogen. Insgesamt wirkt das Äußere grobformig und schmucklos. Der massige Turm mit großem Westportal verjüngt sich nach oben achteckig. Er bekam im Jahre 1920 ein niedriges Zeltdach. Einige spätgotische Anbauten wurden später angefügt. Nach einem Stadtbrand mußten von 1716–1728 alle Gewölbe erneuert werden.

Ein Chorumgangspfeiler zeigt Reste von *Wandmalereien,* eine Katharina und einen Christophorus. Ein *Totentanz-(oder Teufels-)gemälde,* signiert von Caspar Sigmund Köppe im Jahre 1700, fand sich 1920 an einer Emporenbrüstung zur Gertrudenkapelle.

Zu dem vielseitigen Inventar gehört auch der sogenannte *Gerowit-Stein,* eine männliche Figur mit Lanze aus dem 12. Jahrhundert, die an der Südwand des Chors als Umrißzeichnung mit einem Weihekreuz darüber, erhalten ist. Ein nur halb aus dem Boden ragender *Bildstein* im Turmfundament aus dem 12. Jahrhundert zeigt eine männliche Figur vor doppellinigem Halbkreis, möglicherweise stellt sie den Weltenrichter dar.

Zur Ausstattung gehören außerdem einige spätgotische *Schnitzfiguren* in der Taufkapelle, ein *Kruzifix* des 15. Jahrhunderts aus der Marienkirche in Stralsund und schließlich das 1560 entstandene *Messingepitaph* für Herzog Philipp I. von Pommern-Wolgast, gearbeitet von Wolff Hillger aus Freiberg. Außerdem gibt es noch herzogliche Stammtafeln und Prunksarkophage in der Gruft der pommerschen Herzöge unter dem Chor.

Im Jahre 1420 wurde in spätgotischem Stil die GERTRUDENKAPELLE auf dem Friedhof als Begräbniskapelle errichtet. Sie ist ein zwölfseitiger, schlichter Backstein-Zentralbau mit Zeltdach und Türmchen, der ein reiches, sehr kompliziertes Netzgewölbe auf einem runden Mittelpfeiler besitzt.

Das HEIMATMUSEUM (Rathausplatz 6, Tel. 03836/3041, Di–Fr 10–17 Uhr, Sa 9–12 Uhr) befindet sich in einem

Der Turm der Petrikirche von Wolgast ist hier von der Ostseite, über den Umgangschor hinweg, gesehen. Er verjüngt sich achteckig nach oben. Im Innern bezaubern den Besucher alte Wandmalereien.

Fachwerkspeicher auf Feldsteinsockel vom Beginn des 17. Jahrhunderts. Es ist das älteste erhaltene Gebäude der Stadt, die sogenannte Kaffeemühle. Gezeigt werden in anschaulicher Präsentation Zeugnisse der Urgeschichte, Regional- und Stadtgeschichte bis zur Gegenwart mit vielen Einzelobjekten wie Möbeln, Erzeugnissen der Volkskunst und dem spektakulären Peenemünder Goldschatz (Replike) aus dem 10. Jahrhundert. Außerdem gibt es einen Gedenkraum für Philipp Otto Runge, den in Wolgast geborenen großen Maler der Romantik (Stiche und Reproduktionen).

In Wolgast wurde der Maler der Romantik, Philipp Otto Runge, geboren. Die Abbildung zeigt die Tür seines Geburtshauses Kronwiekstr. 45.

Was man unbedingt ansehen sollte

Ein Tag in Greifswald

Die drei Hauptkirchen St. Marien, St. Nikolai, St. Jakobi, das Rathaus, das Hauptgebäude der Universität mit Aula (vorher anmelden!), das Museum der Stadt.
In der näheren Umgebung: Wieck und Eldena

Ein Tag auf Usedom

Die Seebäder, vor allem Heringsdorf und den Seepavillon in Ahlbeck, Mellenthin Schloß und Kirche, Lüttenort und die Benzer Mühle, den abgeschiedenen Lieper Winkel, das beschauliche Städtchen Usedom.

Kultur-ABC

Alleen

Alleen gehören sowohl in Mecklenburg als auch in Vorpommern zu den Naturwahrzeichen. Sie durchziehen weite Regionen und sind aus verschiedenen Baumarten gepflanzt. Nach GRIEBENOW führt z. B. eine doppelte Kastanienallee, nach RUSTOW eine Lindenallee.

Aussichtspunkte

Vom KÜKELSBERG bei Benz, einem 60 Meter hohen Heideberg, geht der Blick auf den Gothensee und Schmollensee auf Usedom. Bei ALTWARP am Oderhaff kann man auf die polnische Seite hinübersehen.

Eine historische Brücke

In WIECK spannt sich eine hölzerne Brücke über den Ryck, die im Jahre 1886 nach holländischem Vorbild gebaut und als technisches Denkmal instand gehalten wurde.

Burgen und Festungen

Von der Grenzburg zu Mecklenburg in NEHRINGEN blieb ein mächtiger Backsteinwohnturm auf Feldsteinsockel übrig.
BURG KLEMPENOW sowie die FESTUNG LANDSKRON sind Ruinen, beide sind sehr sehenswert.
Die geschleifte FESTUNG SPANTEKOW besitzt nur noch die Eckbastionen mit Kasematten, auf denen das Renaissanceschloß Spantekow steht.

Friedhöfe

Dorffriedhöfe sind in der Regel liebevoll gepflegt; Adelsgräber, die sich bei den Herrenhäusern und Schloßkirchen auf den Dorffriedhöfen finden, sind jedoch meist verwahrlost.

Gedenkstätten/Denkmäler

Für Personen:

Für Caspar David Friedrich und Ernst Moritz Arndt sind im Museum der Stadt Greifswald Gedenkräume eingerichtet. Leider sind hier vor allem Kopien („Ruine im Riesengebirge“ und Kopien von Zeichnungen) zu besichtigen.

Philipp Otto Runge erhielt im Heimatmuseum seiner Vaterstadt Wolgast einen Gedenkraum. Auch hier sind Kopien ausgestellt.

An den Kuraufenthalt Maxim Gorkis im Jahre 1922 erinnert ein Raum in der Villa „Irmgard“ in Heringsdorf auf Usedom.

Eine Rolf-Werner-Gedenkstätte ist in Bansin auf Usedom eingerichtet.

Der Landesgeschichte:

An die Opfer der Euthanasie während der Gewaltherrschaft des Dritten Reiches erinnert ein figurales Mahnmal auf dem Gelände des Psychiatrischen Instituts in Ueckermünde.

Geistige und kulturelle Zentren

Ein geistiges Zentrum stellt seit jeher die Universität von Greifswald dar, die 1456 gegründet wurde. Sie besitzt eine eigene Kunstsammlung, die den berühmten Croyteppich beinhaltet.

Sehenswerte Gutshäuser

Sehr sehenswert ist das Gutshaus von Langenfelde.

In Vorwerk/Demmin steht das Gutshaus bei der Ruine der ehemaligen Burganlage.

Dem Gutshaus von Bömitz droht leider der Verfall.

Sehenswerte Herrenhäuser

Obwohl das Renaissance-Herrenhaus von Ludwigsburg zugrundegewohnt wurde, ist die Ruine attraktiv.

Ähnlich verhält es sich mit den Herrenhäusern von Broock und Plötz.

Das stattliche Schloss von Griebenow steht inmitten eines schönen Ensembles.
Sehenswert ist auch die Ruine des Renaissance-Schlosses im Kloster Dargun.
Besuch lohnen die Schlösser von Quilow,Turow, Nehringen, Rustow, Kartlow, Neetzow, Auerose, Mellenthin, Pudagla und Karlsburg.
Die Schlösser von Spantekow und Müggenburg waren ursprünglich Wasserburgen.
Im Renaissance-Schloss von Ueckermünde sind heute das Haffmuseum und die Bibliothek der Stadt untergebracht.

Hünengräber/Hügelgräber

Zwischen Loitz und Greifswald und bei Lütow auf Usedom liegen zahlreiche Großsteingräber, die von der Besiedlung in der Jungsteinzeit zeugen.

Sehenswerte Kirchen

In Greifswald sind die drei Hauptkirchen von Kriegszerstörung verschont worden: Marien-, Nikolai- und Jakobikirche.
Die Klosterkirchen von Dargun und Eldena sind zwar Ruinen, aber dennoch sehr sehenswert.
Die Klosterkirche von Verchen ist in gutem Zustand.
Das Interieur der Schlosskirche von Griebenow wird restauriert.
In Wolgast sollte außer der Stadtkirche die Gertrudenkapelle auf dem Friedhof angesehen werden.
Bedeutende Stadtkirchen finden sich: in Grimmen, Dargun, Demmin, Friedland (St. Marien, St. Nikolai ist Ruine), Ueckermünde, Anklam (St. Marien, St. Nikolai ist Ruine), Wolgast, Lassan, Strasburg, Pasewalk (St. Marien und St. Nikolai).
Unter den zahlreichen Dorfkirchen, deren Besuch zu empfehlen ist, sind zu nennen: Kirch Baggendorf, Nehringen, Levin, Kartlow, Lübbersdorf, Leopoldshagen und Mellenthin.

Auch hier unerwähnte Kirchen lohnen fast immer den Aufwand, den Schlüssel im Pastorat zu holen. Fast jede weist ein altes Inventarstück oder Epitaphien auf.

Klöster und Stifte

Im Jahre 1199 wurde das Zisterzienserkloster Hilda, später ELDENA, gegründet, von dem heute noch ein Ensemble imponierender Ruinen zeugt. Darin ist die Klosterkirche St. Maria gut erkennbar.

Auch in DARGUN blieben von dem ehemaligen Zisterzienserkloster (und späterem Renaissanceschloß) nurmehr Ruinen. Die Ruine der Pfeilerbasilika in Dargun ist dennoch beeindruckend. Ein Kornhaus und die Umfassungsmauer mit zwei Toren haben sich erhalten.

In VERCHEN steht von dem ehemaligen Benediktinerinnenkloster noch die Kirche.

Von dem Benediktinerkloster in STOLPE blieben nur noch Fundamentreste der Klosterkirche, die allerdings sehr früh – auf die Jahre 1180 bis 1190 – datiert werden.

Kulturveranstaltungen

Der USEDOMER KUNSTVEREIN veranstaltet regelmäßig Ausstellungen im KUNSTPAVILLON HERINGSDORF.

In den regionalen Galerien finden Ausstellungen statt, z. B.: in GREIFSWALD im CASPAR-DAVID-FRIEDRICH-INSTITUT; in DEMMIN im MARIENHAIN in der klassizistischen Kapelle; in VOGELSANG in der alten SCHMIEDE. Da laufend Neugründungen erfolgen, kann hier keine Vollständigkeit gewährleistet werden.

In der Kirche von BENZ AUF USEDOM finden seit Jahren sommerliche Kulturveranstaltungen statt: Gespräche, Konzerte, Lesungen und Liederabende.

Der KONZERTPAVILLON IN BANSIN wird nach wie vor im Sommer zur Unterhaltung der Badegäste genutzt.

Kunsthandwerk

Die Kircheninventare in Mecklenburg und Vorpommern enthalten zahlreiche kunsthandwerklich hervorragende Arbeiten des Mittelalters, der Renaissance und des Barock, die großenteils von regionalen Meistern bzw. aus regionalen Werkstätten stammen.

Empfehlenswerte Museen und Sammlungen

Das LILIENTHAL-MUSEUM in ANKLAM ist ein modernes Spezialmuseum für die Geschichte der Luftfahrt.

In der VILLA IRMGARD in HERINGSDORF auf Usedom ist ein Maxim-Gorki-Museum eingerichtet, das zu einem Bädermuseum erweitert werden soll.

Haus und Atelier des Malers Otto Niemeyer-Holstein in LÜTTENORT auf USEDOM sind als Museum zu besichtigen.

GREIFSWALD besitzt ein Regionalmuseum mit vielen Spezialabteilungen.

Das HAFFMUSEUM IN UECKERMÜNDE erweist sich als vielseitiges regionales Heimatmuseum.

Stadtgeschichtliche Museen finden sich in DEMMIN, in FRIEDLAND, in ANKLAM und WOLGAST.

GRIMMEN, LOITZ und USEDOM besitzen Heimatmuseen.

Naturschönheiten

Die Insel USEDOM ist nach Rügen die zweitgrößte deutsche Insel, bekannt vorrangig durch ihre Seebäder und ihren 40 km langen Ostseestrand. Sie ist auch zum Wandern gut geeignet. Jenseits der Küstenstraße beginnt unberührtes Hinterland mit reizvollem Wechsel von Feldern, Wiesen, Wald und Heide. Der LIEPER WINKEL auf Usedom ist ein unberührtes, abgelegenes Stück Natur zwischen Peenestrom und Achterwasser.

Die PEENENIEDERUNG und der KOSENOWSEE bieten seltenen Tier- und Pflanzenarten Lebensraum und dem Menschen Erholungsmöglichkeiten. In den sumpfigen Niederungen des LANDGRABENS enden alle Autostraßen. Hier ist Naturschutz-

gebiet mit zahlreichen Hünengräbern und vielen seltenen, geschützten Baumarten.
Ein naturbelassener Landstrich sind die BROHMER BERGE, ein Moränenhöhenzug bei Wittenborn.
Etwas abgelegen ist die Küste des westlichen Oderhaffs bei ALTWARP mit schönen Strandabschnitten.

Parks und Gärten

Ein reizvoller Park grenzt an die Ruine von SCHLOSS LUDWIGSBURG.
Der PARK VON GRIEBENOW besitzt einen großen Teich und alten Baumbestand.
SCHLOSS TUROW liegt inmitten eines alten Parkgartens.
Der verwunschene PARK IN NEHRINGEN mit seiner Brücke über die Trebel lädt zum Verweilen ein.
Bei KARTLOW, NETZOW und MELLENTHIN erstrecken sich große, leider schlecht gepflegte Landschaftsparks.
Verwahrlost ist auch der Park von BÖMITZ.
An das SCHLOSS VON KARLSBURG grenzen ein kleiner Barockgarten und ein englisch-französischer Landschaftspark.

Bekannte Persönlichkeiten der Region

CASPAR DAVID FRIEDRICH (1774–1840) wurde in Greifswald geboren. Er war mit Philipp Otto Runge der berühmteste deutsche Maler der Romantik. Seine Landschaftsbilder entstanden im Atelier nach Studien vor der Natur. Viele Gemälde haben Motive aus Greifswald zum Thema, bekannt ist die Stadtsilhouette mit ihren markanten Türmen. Caspar David Friedrich starb 1840 in Dresden. Die Stadt Greifswald richtete ihm einen Gedenkraum im Stadtmuseum ein.

PHILIPP OTTO RUNGE (1777–1810) wurde in Wolgast geboren und studierte in Kopenhagen. Der neben Friedrich bedeutendste Maler der deutschen Romantik zog im Jahre 1804 nach Hamburg, wo er, erst 33 Jahre alt, an Tuberkulose starb. Seiner Vaterstadt gedachte er in dem großen Portrait seiner Eltern von 1806, auf dem im Hintergrund Peene und väterliche Werft sichtbar sind. Die Stadt Wolgast richtete ihm einen Gedenkraum im Heimatmuseum ein, in dem mit Stichen und Reproduktionen an ihren großen Sohn erinnert wird.

ERNST MORITZ ARNDT (1769–1860) wurde in Groß Schoritz auf Rügen geboren. Er studierte Geschichte und evangelische Theologie im damals schwedischen Greifswald und in Jena und wurde ein bekannter politischer Publizist und literarischer Freiheitskämpfer gegen Napoleon. Sein 1803 erschienener „Versuch einer Geschichte der Leibeigenschaft in Pommern und Rügen“ trug entscheidend zur Aufhebung der Leibeigenschaft in Vorpommern bei. Er starb 1860 in Bonn.

OTTO LILIENTHAL (1848–1896) war ein Sohn der Stadt Anklam und wurde ein Pionier der Luftfahrt, der über 15 Flugapparate konstruierte und erprobte. Ihm gelangen als erstem Gleitflüge bis zu 250 Metern von den Rhinower Bergen. Bei einem Gleitversuch kam er ums Leben. Die Stadt Anklam richtete ihm ein Museum mit Modellen, Experimentier- und Studienmöglichkeiten ein.

OTTO NIEMEYER-HOLSTEIN (1896–1984) war Maler und Holzschneider und ließ sich in den zwanziger Jahren in Vorpommern nieder. Er schuf u. a. Landschaften und Portraits. In Lüttenort auf Usedom baute er sich seit den fünfziger Jahren in einem landschaftlich idyllisch gelegenen Winkel eine Art Gesamtkunstwerk aus zwei Häusern mit Atelier, kleinem Park und Skulpturengarten, das heute zu besichtigen ist.

ROLF WERNER, Maler und Grafiker aus Leipzig, lebte von 1956 bis zu seinem Tod im Jahre 1989 in Bansin. Er malte Landschafts-, Zirkus- und Rummelplatzbilder, Pferdemärkte und landschaftliche Motive in naiver Manier. Der Ort Bansin richtete ihm eine Gedenkstätte ein.

Bedeutende Profanbauten

Ein gotisches RATHAUS mit Gerichtslaube besitzt die Stadt GRIMMEN.

In GREIFSWALD erstreckt sich das RATHAUS zwischen zwei Straßen, seitlich zeigt es Spätrenaissancedekor.

Eine Barockfassade schmückt das WOLGASTER RATHAUS, eine klassizistische zeigt das schlichte RATHAUS VON USEDOM.

In GREIFSWALD besitzt das HOSPITAL ST. SPIRITUS noch immer sein mittelalterliches Hofambiente. Leider hat die Stadt viele ihrer gotischen Bürgerhäuser verloren. Häuser der Renaissance, des Barock und Klassizismus finden sich hingegen häufiger. Das HAUPTGEBÄUDE DER UNIVERSITÄT stammt aus dem 18. Jahrhundert.

Alte BÜRGERHÄUSER sind in WOLGAST zu sehen, in USEDOM gibt es hübsche FACHWERKBAUTEN.

In DEMMIN und WOLGAST stehen monumentale SPEICHER.

Residenzen

Das SCHLOSS VON DARGUN war Nebenresidenz der Herzöge von Güstrow. Es brannte 1945 mit der Klosterkirche vollständig aus. Die großartige Anlage ist aber auch als Ruine noch immer imposant.

Seebäder

Auf USEDOM stellen die vor der Jahrhundertwende entstandenen, gut besuchten und mondänen Badeorte nach wie vor das Ferienziel der Urlauber dar. Die beliebtesten Bäder im Osten der Insel sind BANSIN, das in den 20er Jahren elegante HERINGSDORF (mit Solebad für Bronchialerkrankungen) und AHLBECK mit seinem häufig abgebildeten schloßartigen, hölzernen Seepavillon.

Weniger bekannt sind die westlichen Badeorte: KARLSHAGEN, TRASSENHEIDE und ZINNOWITZ. In allen Orten finden sich neben den landesüblichen Neubauten noch viele Hotels und Pensionen in der phantasievollen Bäderarchitektur der Jahrhundertwende. Mittlerweile werden viele von ihnen renoviert und zu erstklassigen Hotels hergerichtet. Schöner Badestrand seeseitig und Wandermöglichkeiten landseitig charakterisieren diese beliebten Erholungsgebiete.

Slawenwälle

Bei DARGUN existiert eine slawische Burganlage mit mehreren Wällen und Gräben.
Ein sehr gut erhaltener Burgwall liegt bei TUTOW.
Von der berühmten SLAWENBURG UZNAM, auf der die Christianisierung des Landes erfolgte, ist ebensowenig übriggeblieben wie von dem anschließend gegründeten Prämonstratenserkloster.

Städtchen, Dörfer und Orte

NEHRINGEN bietet dem Reisenden ein geschlossenes und intaktes Ortsbild.
Beschaulich präsentiert sich das Städtchen USEDOM mit einigen hübschen Fachwerkhäusern.

Stadtbefestigungen

In GRIMMEN stehen von der einstigen Befestigung noch drei wuchtige Tortürme.
Von der ehemaligen Befestigung GREIFSWALDS blieben nur ein runder Backsteinturm und wenige Mauerteile übrig.
In dem stark zerstörten DEMMIN sind ein massiver Torturm, ein runder Mauerturm und ein Teil der Mauer übriggeblieben, in LOITZ ebenfalls nur ein Tor.
In FRIEDLAND wurde ein großer Teil der alten Stadtmauer mit Wiekhäusern und dreifachem Wall-Graben-System, zwei beeindruckenden Toren und dem Fangelturm restauriert.
Ein monumentales Tor, ein Pulverturm und ein Wartturm außerhalb der Stadt blieben neben Teilen der Mauer in ANKLAM erhalten.
In der Stadt USEDOM steht von der Befestigung noch ein Torturm.

Die Mauer von LASSAN existiert noch in Teilen, und in PASEWALK blieben noch zwei Tore und zwei Türme in Ruinen der Stadtmauer stehen.

Windmühlen

Ein TECHNISCHES DENKMAL HOLLÄNDERWINDMÜHLE steht in GREIFSWALD an der Ausfallstraße nach Stralsund.

Eine weitere HOLLÄNDERWINDMÜHLE ragt bei BENZ AUF USEDOM auf dem Mühlenberg gen Himmel. Der Maler Otto Niemeyer-Holstein rettete sie vor dem Abriß. Heute arbeitet hier eine Bildhauerin.

Zeittafel

Bronzezeit Im Raum Mecklenburg-Vorpommern bildet sich eine seßhafte Bevölkerung mit einem hochentwickelten Kunsthandwerk heran.
375–600 Völkerwanderung; die Germanen, meist Semnonen, Langobarden, Angeln und Sachsen, wandern nach Süden. Das Gebiet ist nun fast menschenleer.
um 600 Westslawische Stämme ziehen in das von den Germanen verlassene Gebiet, im Westen die Obotriten, im Osten die Liutizen.
995 Erste Erwähnung der Mecklenburg, die dem Land seinen Namen gibt.
1124 Pommernfürst Wratislaw I. läßt sich taufen.
1128 Zwangschristianisierung in der Slawenburg Uznam durch Bischof Otto von Bamberg.
seit 1147 Sachsenherzog Heinrich der Löwe überfällt das Gebiet östlich der Elbe im Auftrag Kaiser Barbarossas, um die Christianisierung voranzutreiben.
1160 Der Obotritenfürst Niklot fällt im Kampf gegen Heinrich den Löwen bei der Burg Werle.
1167 Heinrich der Löwe versöhnt sich mit Niklots Sohn Pribislaw, dem Stammvater des bis 1918 regierenden mecklenburgischen Fürstenhauses, und gibt ihm Nordmecklenburg zu Lehen. (Pribislaws Sohn Heinrich Borwin heiratet daraufhin Mathilde, die Tochter Heinrichs des Löwen. So wurden Slawen zu Stammvätern der mecklenburgischen Fürsten.)
1227 Schlacht bei Bornhöved. Mecklenburg befreit sich vom dänischen Einfluß.
1229 Erste Teilung Mecklenburgs in die Fürstentümer Mecklenburg, Parchim, Güstrow und Rostock.
1231 Niederwerfung der Slawen durch die brandenburgischen Askanier: Das Land südlich von Trebel, Tollense und

dem Großen Landgraben fällt an Brandenburg, den nördlichen Teil behalten die Slawen zu Lehen.
1370 Höhepunkt hansischer Macht durch den Frieden der Hansestädte mit Dänemark.
1456 Gründung der Universität Greifswald.
1534 Nach der Säkularisierung fallen der geistliche Grundbesitz, das Vermögen und die Schätze der Kirche an das Herzoghaus Pommern-Wolgast.
1549 Auf dem Landtag von Sternberg wird für ganz Mecklenburg die Reformation beschlossen.
1621 Nächste Teilung Mecklenburgs in die Herzogtümer Mecklenburg-Schwerin und Mecklenburg-Güstrow.
1628/29 Mecklenburg geht an Albrecht von Wallenstein, weil der Kaiser ihn mit der Herzogwürde belehnt.
1631 Wallenstein verliert Mecklenburg durch den Eintritt Gustav II. Adolfs von Schweden in den Dreißigjährigen Krieg. Mecklenburg verfällt der Adelsherrschaft, weil Gustav II. Adolf die vertriebenen Herzöge wieder einsetzt. Wallensteins sinnvolle Reformen werden zurückgenommen.
1618–48 Mecklenburg und Pommern leiden unter dem Dreißigjährigen Krieg.
1648 Im Westfälischen Frieden erhält Mecklenburg die Bistümer Ratzeburg und Schwerin, muß aber Wismar und die Insel Poel an Schweden abtreten (kommen erst 1803 an Mecklenburg zurück). Teilung Pommerns: Bis 1815 gehörte Vorpommern nördlich von Peene und Trebel mit Stettin und Rügen zu Schweden, Hinterpommern südlich der Peene mit Usedom zu Brandenburg.
1651 wird die bäuerliche Leibeigenschaft und Erbuntertänigkeit in Mecklenburg de jure festgelegt.
1701 Teilung des Landes in Mecklenburg-Schwerin und Mecklenburg-Strelitz (mit Ratzeburg). Landtage, Landstände und Gerichte bleiben gesamtmecklenburgisch.
1774 Caspar David Friedrich wird in Greifswald geboren (stirbt 1840 in Dresden).
1806/07 Französische Besatzung.

1810 Aufhebung der Leibeigenschaft in Pommern.
1815 Wiener Kongreß: Pommern geht an Preußen.
1820 Aufhebung der Leibeigenschaft in Mecklenburg; Auswanderungswelle.
1848/49 Revolution.
1850 Übergang zur konstitutionellen Monarchie scheitert.
bis 1918 Mecklenburg und Vorpommern sind Ständestaaten ohne Verfassung.
1918 Novemberrevolution: Abdankung des letzten Großherzogs von Mecklenburg, Friedrichs Franz IV.
1919–1923 Übergang zur parlamentarischen Demokratie.
1934 Mecklenburg-Schwerin und Mecklenburg-Strelitz werden im Rahmen der nationalsozialistischen Neuordnung der Länder vereinigt.
1945 Mecklenburg gehört zur sowjetischen Besatzungszone; Bodenreform; Hinterpommern geht an Polen, Vorpommern an Mecklenburg. Greifswald wird durch kampflose Übergabe vor der Zerstörung gerettet.
1947 Neue Verfassung.
1949 Mecklenburg und Vorpommern werden Länder der Deutschen Demokratischen Republik.
1952 Neuaufteilung Mecklenburg-Vorpommerns: Durch Volkskammerbeschluß werden Landesregierung und Landtag abgeschafft und das Land in die Bezirke Rostock, Schwerin und Neubrandenburg aufgeteilt.
3. 10. 1990 Mecklenburg-Vorpommern wird Bundesland der Bundesrepublik Deutschland.

An der Strandpromenade von Bansin reihen sich die Villen im verspielten Bäderhausstil der wilhelminischen Epoche.

BAN. 020

Kunsthistorische Fachausdrücke

Altan: Balkonartiger Austritt mit Brüstung im Obergeschoß
Altaraufsatz: Tafel oder Schrein auf dem Altartisch, meist einfach Altar oder Altarretabel genannt
anakreontisch: Lyrik des Rokoko in der Nachfolge Anakreons. Hauptmotive sind Liebe, Genuß, Lebensfreude
Anna Selbdritt: Darstellung der hl. Anna, ihrer Tochter Maria und dem Jesuskind
Antependium: vordere Verkleidung des Altartisches
Apsis: oft halbrunde Altarnische am Chor, meist am Ostende einer Kirche
Architrav: durchlaufender Steinbalken über der Säulenstellung, Hauptteil des Gebälks
Archivolte: Stirn und Leibung eines Rundbogens oder Bogenlauf im romanischen und gotischen Gewändeportal
Arkade/Arkatur: auf Pfeilern oder Säulen ruhender Bogen, Bogengang
Attika: das Dach verdeckende niedrige Wand über dem Hauptgesims eines Bauwerks oder einer Säulenreihe, oft mit Statuen besetzt
Baptisterium: Taufkirche
Basilika: drei- oder fünfschiffiger Kirchentyp mit hohem Mittelschiff, durch eigene Fenster beleuchtet, mit niedrigeren Seitenschiffen. Wenn sich über den Seitenschiffen Emporen befinden, spricht man von einer Emporenbasilika. Wenn das Mittelschiff keine eigenen Fenster hat, handelt es sich um eine Pseudobasilika
Basis: Fuß einer Säule
Belt: Almosenbrett aus Metall oder Holz
Bergfried: Hauptturm einer Burg
Beschlagwerk: Ornament, das bandeiserne Zierbeschläge imitiert
Birnstab: Rippenprofil mit ein, zwei oder drei Ornamentblättern
Blendarkade: unmittelbar der Wand aufliegender Zierbogen
Blende: ein dem Mauerkörper hinzugefügtes (vorgeblendetes) dekoratives architektonisches Motiv (blend = blind)
Blendmaßwerk: unmittelbar der Wand aufliegendes Maßwerk
Bündelpfeiler: um einen Pfeilerkern geordnete Gruppe von kleinen und großen Diensten
busig, gebust: der Scheitel der Gewölbekappen übersteigt den der Gurtbögen
Chor: östlicher Teil des Kirchenraums, urspr. den Geistlichen vorbehalten, die sich hier vor dem Altar zum Chorgesang versammelten. Dort befand sich das Chorgestühl. Eingezogener Chor: der Chor besitzt nicht die gleiche Breite wie das Schiff. Der Chorumgang führt um Chor und Chorhaupt herum, von ihm zweigen die Chorkapellen ab
Dachreiter: Türmchen auf dem Dachfirst, oft über der Vierung
Deutsches Band: Fries aus Backsteinen, deren Vorderkanten aus der Fassade vorkragen
diaphan: durchsichtig
Dienst: plastische, halb- oder dreiviertelrunde Bauglieder, die der Wand vorgelegt sind, sie „tragen" die Gewölbe
Epitaph: Wanddenkmal für einen Verstorbenen
Fassung: ein- oder mehrfarbige Oberflächenbehandlung, auch in verschiedenen Materialien
Festes Haus: Herrenhaustyp des 16. und 17. Jh. mit einigen wenigen Wehranlagen, entwicklungsgeschichtlich zwischen Burg und Schloß stehend
Fiale: gotisches Ziermotiv, Bekrönung des Strebepfeilers in Form eines Türmchens
Floris-Stil: nach Cornelius Floris (eigentlich de Vrient), 1514–1575, flämischer

Dekorateur, Bildhauer und Architekt des Manierismus

Fresko: auf feuchten Kalkputz aufgetragene Wasserfarbenmalerei

Fries: plastischer oder gemalter Flächenstreifen mit figürlichen oder ornamentalen Motiven

Fünte: (Herleitung: lat. fons = Quelle) niederdeutscher Name für den bronzenen Taufkessel

Gaden: Stockwerk, Geschoß oder Zone, z.B. Fensterzone

Gebälk: über der Säulenordnung durchlaufende Steinsetzung aus Architrav, Fries und Gesims

Gewände: Flanken des Portals

Gewölbe: Tonnengewölbe haben meist einen halbkreisförmigen Durchschnitt; Kreuzgratgewölbe stellen eine Durchdringung zweier Tonnengewölbe dar, die Schnittstellen sind gratig. Kreuzrippengewölbe haben anstelle der Grate Rippen. Netzgewölbe: die Rippen sind netzartig angeordnet

Grisaille: Malerei mit Graufarben

Gurtbogen: Verstärkungsbogen, quer zur Längsachse

Hallenkirche: mehrschiffige Kirche, die nur von Fenstern in der Außenmauer beleuchtet wird, da kein Schiff das oder die anderen mit einem durchfensterten Obergaden überragt

Haustein: Naturstein, dessen Oberfläche in Steinmetzarbeit behauen ist

Joch: gleichartiges Gewölbeelement. Die Einteilung in Joche wird mit der Wandgliederung durch Gurtbögen verdeutlicht

Kämpfer: Steinbasis am Ansatz des Bogens oder Gewölbes, auch über dem Kapitell

Kapellenkranz: den Chor umgebende Kapellenfolge

Kapitell: Haupt einer Säule, eines Pfeilers oder Pilasters

Karyatiden: Bauplastik; langgewandete weibliche Steinfigur, die auch Kore genannt wird

Kartusche: gerahmte Fläche, Trägerin von Wappen, Initialen, Emblemen

Klausur: den Mönchen vorbehaltener Bezirk eines Klosters

Kleeblattbogen: Bogen mit kleeblattförmigem Umriß

Knorpelwerk: Ornamentform des niederländisch-deutschen Manierismus

Krabbe: gotisches Zierelement in Form gekrümmter Blätter, an Fialen und Wimpergen häufig an den Kanten angebracht

Kreuzblume: ornamentale Bekrönung gotischer Fialen in stilisierter Blumenform

Kreuzgrat, Kreuzrippe: siehe unter Gewölbe

Krüppelwalm: Satteldach mit angeschrägten Giebelspitzen

Krypta: gewölbter Raum unter dem Chor

Laterne: Turm- oder Kuppelaufsatz in Form einer monumentalen Laterne

Lettner: steinerne Schranke, die in Kloster- oder Stiftskirche die Geistlichkeit von den Laien scheidet

Lisene: der Wand flach oder bandförmig aufliegendes Gliederungselement ohne Basis und Kapitell

Mandorla: mandelförmiger Heiligenschein

Maßwerk: gotische Zierform aus der Zirkelkonstruktion; ornamental ausgebildete, ausgeschnittene geometrische Fensterteilung. Häufigste Formen sind der Dreipaß, der Vierpaß und die Fischblase

Mensa: Tischplatte des Altars

Mezzanin: Zwischengeschoß, Halbgeschoß

Mittelrisalit: vortretender Bauteil in voller Höhe in der Mitte der Fassade

Obergaden: vorkragendes Obergeschoß

Ochsenauge: (œil-de-bœf) kreis- oder ellipsenförmiges Fenster. Besonders im Barock oft benutzt.

Oktogon: Achteck

Palmette: Pflanzenmuster aus gefächerten palmenähnlichen Blättern. Oft als Fries

Pfeilerbasilika: die Arkatur des Schiffs ruht auf Pfeilern

Pilaster: pfeilerförmige Vorlage, der Säule ähnlich mit Basis und Kapitell

polychrom: vielfarbig

polygon: vieleckig

Portal: Haupteingang, meist trichterförmig in die Wand eingelassen, oft beson-

ders gestaltet, in der Romanik Rundbogenportal, in der Gotik Spitzbogenportal
Portikus: säulengetragener Vorbau an der Haupteingangsseite
Predella: Sockel des Altaraufsatzes
profan: weltlich
profanisiert: dem kirchlichen Zweck entfremdet
Prospekt: bei Orgeln die sichtbare kunstvoll verzierte Front
Querhaus, Querarm: Kreuzarm in der Architektur des Kirchenschiffes
Refektorium: Speiseraum eines Klosters
Reliquiar: Behälter zur Aufbewahrung der Reliquien eines Heiligen
Remter: Speisesaal in der Deutschordensritterarchitektur
Retabelmalerei: Malerei auf dem Altaraufsatz
Risalit: in voller Höhe des Gebäudes vortretender Bauteil
Rocaille: Muschelrand einer asymmetrischen Kartusche, typische Form des Rokoko
Rundstab: Zierstab, dessen Querschnitt einen Viertel-, Halb- oder Dreiviertelkreis bildet
Rustika: Mauerwerk aus Quadern, deren Stirnseite „roh" bearbeitet ist
Saalbau/Saalkirche: einschiffige Kirche
sakral: kirchlich, geistlich
Sakramentshäuschen: turmartiger Behälter für das Gefäß mit der Hostie
Scheidbogen: Raumteile scheidender Bogen
Scheitelrippe: Nebenrippe bei sechs- oder mehrteiligen Gewölben
Schlußstein: formal gebildeter Schnittpunkt der Rippen, Stein im Scheitel des Bogens
Schöne Madonna: um 1400 entstandene Madonnen des Weichen Stils der Gotik
Schwibbogen: freistehender Bogen zum Ableiten des Gewölbeschubs oder zum Abstützen einer Mauer
Stele: aufgestellte Platte aus Stein
Strebepfeiler: an der Außenmauer anliegender Pfeiler, der die Wand stützt
Stufenhalle: das Mittelschiff ist höher als die Seitenschiffe, aber ohne eigene Beleuchtung
Stufenportal: das Gewände tritt stufenförmig zurück
Supraporte: Feld über dem Türsturz, oft mit Malerei ausgestattet
Tabernakel: Gehäuse zur Aufbewahrung der Hostie
Tambour: zylindrischer Teil zwischen dem Baukörper und der Kuppel
Terrakotta: gebrannter Ton
Tondo: Gemälde oder Relief in Rundform
Traufgesims: Sims längs der Traufe, gelegentlich mit Wasserspeiern oder -auslässen versehen
Triforium: Laufgang über den Arkaden, durchfenstert oder blind
Triptychon: drei durch Scharniere verbundene Tafeln, häufig als Altaraufsatz
Triumphbalken: Balken am Fuß des Bogens zwischen Mittel- und Querschiff oder Chor, auf dem die Triumphkreuzgruppe steht
Triumphbogen: Ehrenbogen, in der mittelalterlichen Kunst der Bogen zwischen Schiff und Vierung
Triumphkreuz: Monumentales Kruzifix am Triumphbogen oder auf einem Querbalken darunter, in der Regel mit Maria und Johannes als Begleitfiguren
Trompe l'Œil: (franz.: Augentäuschung) illusionistische Malerei
Tumba: Grabkasten, bestehend aus einem rechteckigen Unterbau und einer daraufliegenden Grabplatte
Tympanon: Türbogenfeld über dem Türsturz
Vierung: Teil der Kirche, in dem sich Langhaus und Querhaus durchdringen
Vierungsturm: Turm über der Vierung
Volute: schneckenförmiges Schmuckelement, meist an Giebeln
Vorlage: der Wand zur Verstärkung und Gliederung aufliegender Pilaster oder Dienste
welsche Haube: mehrfach geschweifte Turmhaube
Westwerk: monumental ausgebildeter Westbau an karolingischen, ottonischen und romanischen Kirchen. Oft in Verbindung mit eigenem Altar

Wiekhaus: kleiner, hausartiger Auslug auf der Stadtmauer, meist für den Wächter bestimmt
Wimperg: gotische Zierform, giebelartige Bekrönung
Würfelkapitell: Kapitell von kubischer Form
Zahnschnitt: friesartige Reihung klötzchenähnlicher Elemente (= Zähne)
Zentralbau: die Bauteile sind im Grundriß auf ein gemeinsames Zentrum bezogen
Zwerchhaus: (zwerch = quer) geschoßhohes Dachhäuschen in der Hausflucht, unter einem Zwerchdach (quer zum Hausfirst verlaufend)

Personenregister

Ortsregister

Literatur

Adamiak, Josef und Pillep, Rudolf: Kunstland DDR, München 1979

Dehio, Georg: Handbuch der Deutschen Kunstdenkmäler. Mecklenburg, München/Berlin 1980

Dreves, Peter: 1000 Ausflugsziele in Mecklenburg-Vorpommern, Rendsburg 1991

Institut für Denkmalpflege (Hg.): Die Bau- und Kunstdenkmale in der DDR. Mecklenburgische Küstenregion mit den Städten Rostock und Wismar. Bearb. von G. Baier, H. Ende, B. Oltmanns, H. Trost, Berlin 1990

Jung, Georg und Kunz, Wolfgang: Rügen, Hamburg 1991

Karge, Wolf und Kartowitsch, Klaus und Schmidt, Ursula: Museumsführer Mecklenburg-Vorpommern, Schwerin 1991

Krauss, Neidhard und Fischer, Egon: Unterwegs zu Burgen, Schlössern und Parkanlagen in Mecklenburg, Rostock 1991

Leier, Anne und Sandberg, Thomas: Reise durch das Land der Seen und Alleen. Mecklenburg-Vorpommern und Rügen, Hamburg 1990

Pfefferkorn, Rudolf: Norddeutsche Backsteingotik, Hamburg 1984

Piltz, Georg: Kunstführer durch die DDR, Leipzig/Jena/Berlin 1969

Reisen durch Mecklenburg und Vorpommern. Hg. in Zusammenarbeit mit dem Hamburger Abendblatt, Hamburg 1991

Rügen, Hiddensee, Stralsund. Der Reisebegleiter, Berlin 1991

Sckopp-Witte, Gertje und Jessel, Hans: Mecklenburg-Vorpommern, Hamburg 1991

Wächter, Hans-Christof und Teufel, Heinz: Hiddensee, Hamburg 1992

Wächter, Hans-Christof und Teufel, Heinz: Usedom, Hamburg 1991

Bildnachweis

Bildarchiv Preussischer Kulturbesitz, Berlin: S. 9, 11, 12/13, 15
Maike Bruhns, Hamburg: S. 37 u, 57 o + u, 63 o + u, 65 o + u, 67, 69, 71 links, 77 o + u rechts
Interfoto-Pressebild-Agentur, München: S. 17 o + u
Hans Jessel, Keitum: Titel, S. 20/21, 40/41, 53
Georg Jung, Hamburg: S. 19, 20, 24/25, 28/29, 43, 47 o + u, 49, 51, 55 o + u, 71 rechts, 73 o + u (2 Fotos), 75, 77 u links, 81, 83 o + u, 85 o + u, 87, 89 o + u, 91, 93, 95 o + u, 99, 101, 103, 105, 107 o + u, 111, 121 u, 123 o + u, 125
Paul Mahrt, Osterholz-Scharmbeck: S. 37 o, 45, 97
Heinz Teufel, Eckernförde: S. 6/7, 113 o + u, 115, 116/117, 119, 121 o, 140/141

Karten: Computerkartographie Huber, München

Impressum

Die Deutsche Bibliothek – CIP-Einheitsaufnahme
Bruhns, Maike:
Von Greifswald nach Usedom / [Maike Bruhns]. – Hamburg:
Ellert und Richter, 1993
(Ellert-&-Richter-Kunst-Reiseführer)
ISBN 3-89234-383-7
NE: HST

Alle Angaben zu Museen und Sammlungen sind mit Sorgfalt zusammengestellt, jedoch ohne jegliche Gewähr. Stand Ende Oktober 1992. Für Hinweise auf Veränderungen und Ergänzungen ist die Redaktion dankbar.

Text und Bildlegenden: Maike Bruhns, Hamburg
Lektorat: Dorothee v. Kügelgen, Hamburg
Gestaltung: Hartmut Brückner, Bremen
Satz: Fotosatz Wahlers, Langwedel
Lithographie: Litho Service Bremen GmbH, Bremen
Druck: C. H. Wäser, Bad Segeberg
Binderei: S. R. Büge, Celle